民族魂

学生成长励志故事读本

# 锲而不舍故事

陈志宏◎编著

延边大学出版社

· 延吉 ·

图书在版编目（CIP）数据

锲而不舍故事 / 陈志宏著 . —延吉：延边大学出版社，2013.3（2024.1 重印）

ISBN 978-7-5634-5398-6

Ⅰ.①锲…  Ⅱ.①陈…  Ⅲ.①品德教育—中国—青年读物 ②品德教育—中国—少年读物  Ⅳ.① D432.62

中国版本图书馆 CIP 数据核字 (2013) 第 049227 号

**锲而不舍故事**

主编：陈志宏
责编：孙淑芹
封面设计：映像视觉
出版发行：延边大学出版社
社址：吉林省延吉市公园路 977 号  邮编：133002
电话：0433-2732435 传真：0433-2732434
网址：http://www.ydcbs.com
印刷：天津市天玺印务有限公司
开本：155×220 毫米    1/16
印张：8
字数：50 千字
版次：2013 年 03 月第 1 版
印次：2024 年 01 月第 4 次印刷
书号：ISBN 978-7-5634-5398-6
定价：38.00 元

民族魂，是一个民族的精髓，体现了一种民族的精神，是民族存在的精神支柱。

说起民族的精神，人们通常都会想到爱国主义。从古代的屈原、岳飞，到近代为保卫祖国领土完整的人民英雄；从古代的发明家张衡、毕昇，到今天为祖国的建设事业贡献力量的科学家；从古代的李白、杜甫，到今天为民族文学艺术的提高而不懈奋斗的文学家……在他们身上，都体现出一种广义的爱国主义和爱国精神。

爱国主义是一种伟大的民族精神，也是中华民族的传统美德，与我们祖国上下五千年的历史一样源远流长。作为一种巨大的精神力量，它对中华民族的历史发展与进步产生了重大的影响。

民族魂
学生成长励志故事读本

# 前 言

在我国古代历史上，不仅出现过许多杰出的政治家、军事家、思想家、文学家、科学家、艺术家，还出现过一大批忧国忧民、鞠躬尽瘁的仁人志士和抗击外敌、抵御入侵的民族英雄。他们或开发和改造祖国的河山，创造灿烂的中华文明；或英勇反击民族压迫和外来侵略，捍卫国家的主权和民族的尊严；或坚决反对民族分裂，维护国家的统一和民族的团结；或顺应历史潮流，积极改革弊政，励精图治，治国安邦，施利于民……他们从不同的侧面体现了中华民族的爱国主义精神，谱写了爱国主义的壮丽诗篇，铸造了中华民族坚不可摧的"民族

之魂"。

人们之所以将爱国主义精神作为中华民族精神的主要特征，是因为19世纪以来的中华民族饱受外来民族的欺凌、压迫和剥削，从而需要以爱国主义来凝聚人心、努力奋斗，从而获得民族的解放。

翻开中国近代史册，最触目惊心的是一场场的战争、一件件的国耻。深重的民族灾难，撞击着每一个爱国者的心。帝国主义列强发动了第一次鸦片战争、第二次鸦片战争、中法战争、中日甲午战争、八国联军之役等大小100多次战争。每一次战争，都以强迫清政府签订不平等条约而结束。

面对亡国灭种的威胁，华夏大地的炎黄子孙们掀起了波澜壮阔的爱国热潮，创造了光照千秋的爱国主义业绩。中华民族所散发出来的民族精神，无论在深度和广度上都是前无古人的。无数民族英雄、志士仁人，在救国图存、振兴中华的斗争中所表现出来的爱国精神，既是对中华民族古代爱国主义传统的继承与发扬，又具有鲜明的时代特征。

除了爱国主义之外，勤劳、勇敢、诚信、团结、知礼、尊贤、节俭、敬业，热爱和平、不屈不挠、自强不息、励精图治、开拓创新等，也都是中华民族的精神精髓，是中华民族灵魂的具体表现。在五千年的历史中，我们的先辈在这片土地上，以这种高尚的品行和美德不断地开辟，才有了如今屹立于世界民族之林的东方强国。作为一个有着漫长历史的积淀与升华的民族，伟大的民族精神早已烙刻在了我们每个人的灵魂深处，与我们的血肉融合在一起。

青少年是国家的希望，也是民族不断发展和延续的根本。总有一天，我们的民族精神、我们祖国的这片神奇的土地要传到当代青少年手中。从这个意义上来说，我们民族精神的生机与活力，我们祖国的命运与前途，也掌握在青少年的手中。因此，青少年的爱国主义教育和励志图强教育也就显得更加重要。为了增强和提升国民教育，尤其是青少年的爱国主义精神、民族精魂志向，我们精心编写了本套丛书——《民族魂——学生成长励志故事读本》丛书。

民族魂
学生成长励志故事读本

前 言

本套丛书将有史以来体现民族精神和民族灵魂的典型事迹，以通俗易懂的故事形式娓娓道来，非常适合青少年的阅读水平和欣赏口味。书中提供了古往今来多个典型人物和事件典范，展现出的人物也涉及社会的各个层面，有利于青少年立心、立志、爱国、进取，从而全方位地领悟中华民族的精神、灵魂之所在。

在本套丛书中，为帮助读者更好地理解和学习这些源远流长的美好精神，我们还在每一篇故事后面给出了"心灵物语"，旨在令故事更加结合现代社会，结合我们自身的道德发展，提高我们的民族爱国精神，并由此

而引发读者进一步的思考。

深刻的哲理人生，表现了博大精深的文化；精彩的人物事迹，道出了励精图治的典范；历代的爱国故事，喻出了民族精神的深意；高尚的品德展现，浓缩了上下五千年的灿烂文明……我们希望，青少年朋友们通过阅读本套丛书，能够受到深刻的爱国主义教育，能够真正体会到中华民族的灵魂所在，同时更能够汲取精华，励精图治，为提升自己的个人素质、为祖国未来的建设和发展作出努力。

全套丛书分类编排，内容详尽，文字优美，风格独具，是广大读者，尤其是青少年爱国励志教育的优秀读物。我们相信，本套丛书一定可以成为青少年朋友们的良师益友。

民族魂——学生成长励志故事读本

　　"毅"，即毅力，是指在艰难境况下能够忍耐和坚持下去的意志和能力。孔子有言："刚毅木讷近于仁"，即认为毅力可以看作是一种仁的品质。几千年来，中华民族正是用"毅"的精神，在各种险恶的环境中化险为夷，自强不息，不断进步和发展。就个人而言，毅力是人的一种"忍耐力"，是一个人做事业的"持久力"。当毅力与人的期望目标相结合，会发挥巨大的能量。

　　毅力能够决定人面对困难、失败、诱惑时的态度，毅力是获得成功的基础，毅力是实现理想的桥梁，毅力是攀上成功的阶梯。现实中很多人颇有才学，具备成就事业的种种能力，但他们的致命弱点是缺乏恒心，没有毅力。他们往往一遇到困难和阻力就立刻退缩，裹足不前甚至放弃。古往今来的无数故事告诉我们，取得成就的人除了要有理想、信念、进取心、自信心之外，还具备较强的心理承受能力和不屈不挠的意志力。本书里写到的那些故事，鲜活地展现了这种品质，如：卞和即使失去双脚也要把璞玉献给君王；玄奘明知去往天竺国的路上会遇到许多艰难险阻，但他还是舍命求法；邓廷良为了自己的理想，坚持徒步走完了丝绸之路。这些人最终能够获得成功，顽强的毅力是必备条件。

　　如何能够做一个有毅力的人？第一，要能够专心。唐人张文成在《游仙窟》中道："心欲专，凿石穿。"有的人目标太多，期望值更高，好高骛远。俗话说的"这山望着那山高"，做什么都是三心二意，虽然也努力了，但不能持之以恒，结果总是竹篮打水一场空。第二，要有自制力。人如果随心所欲，情绪化，容易冲动，不能理性，不能克制自己，即使有雄心壮志，也常常被些小欲望干扰，最终一事无成。第三，要能够忍受挫折。有的人失败后能东山再起，就在于他不怕挫折和失败，经受得住考验，忍受得住痛苦，坚持信念，不断拼搏奋斗，即使屡败屡起，终获成功。拿破仑曾说："人生之光荣，不在永不失败，而在能屡败屡起。"

毅力的培养需要从平时的一点一滴做起。无论是学习还是做事，都要持之以恒，树立不达目的不罢休的决心。要知道，做任何事都不会是一帆风顺，总会碰到各种困难和挫折。如果碰到困难就停滞不前，甚至放弃，那么永远也不会有进步，不会达到目标。只有知难而进，坚持不懈，才有成功的希望。人只有才能不行，怀才不遇者比比皆是，一事无成的天才也不鲜见；只有学历也不行，因为世上有很多学而无用、学非所用的人。只有那些既有才能，又具有顽强坚忍的性格和品质的人，才能有所成就。

在本书中，我们从古代先贤和近现代楷模的事迹中，精选出一些典型故事。从这些故事中，能够看到他们身上坚强的毅力和勇往直前的精神，他们是值得我们尊敬和学习的榜样。希望大家通过阅读此书，从中受到教益和启迪，学习他们的精神和品格，做一个意志坚忍、自强不息的人，在自己的一生中有所建树，为祖国的社会主义经济建设以及和谐社会的建立作出自己应有的贡献。

# 目录

## CONTENTS

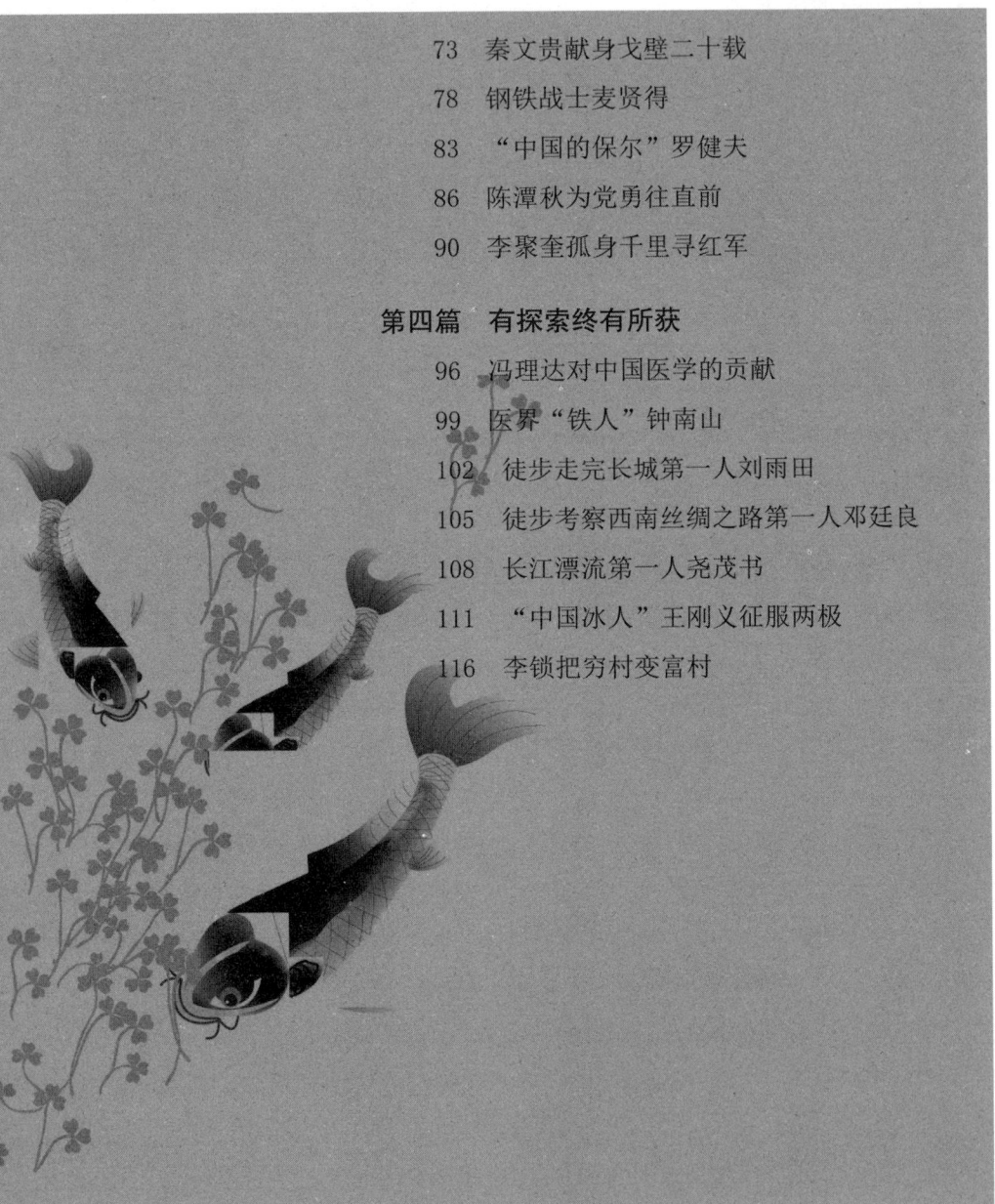

# 第一篇
# 有恒心万事乃成

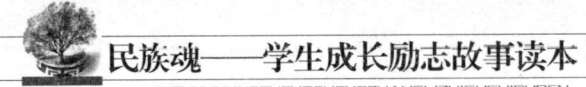

#  "和氏璧"的由来

> 楚厉王（？—公元前741年），原名熊眴，熊霄敖长子。在位始启濮，"开濮地而有之"，向濮人之地拓土，征服陉隰。楚厉王死后，楚厉王的弟弟熊通杀死楚厉王的儿子，自立为国君，就是楚武王。

春秋时期，楚国有一个人叫卞和。卞和善于辨识玉。有一天，卞和在荆山发现一块石头，认定这块石头里一定藏着一块美玉，于是他决定把这块石头献给当时楚国的国君楚厉王。

楚厉王接见了卞和，叫来玉匠鉴定这块石头，不料玉匠说："这是石头，里面没有什么宝玉。"楚厉王非常生气，就以欺君之罪砍掉了卞和的左脚。卞和感到非常委屈，但是他相信自己的判断，认为这石头里面有罕见的宝玉。

他保存着这块石头，决定有机会还要试一试。

后来，楚厉王死了，楚武王继承了王位。卞和觉得新的君主一定会相信自己，于是卞和跛着脚一瘸一拐地再次去献玉。不料楚武王一样不相信卞和，他砍掉了卞和的右脚。

卞和非常伤心，但是他暗暗下决心，一定要让天下人知道他的判断是对的。

再后来，楚文王即位，卞和没有脚了，没法再到大殿上去献玉，他抱着玉在荆山下哭了三天三夜，眼睛都哭出血来了。文王得知后便派人询问："天下被砍双脚的人这么多，唯有你哭得这么伤心，为什么？"

卞和说："我不为失去双脚而哭，而是为珍宝被人看作石头而哭。"

文王听说卞和两次献玉的事情，感到非常奇怪，于是，文王请来能工巧匠，打开石头验看，果得一块罕见美玉。

后来，楚文王命工匠把这块玉雕琢成一块白璧，命名为"和氏璧"。此后，"和氏璧"成为传世之宝。

## □心灵物语

即使被砍掉双脚也没有动摇卞和献宝的决心。卞和凭着惊人的毅力，最终感动了帝王。从他身上，我们汲取的东西又何止这些呢？真理有时很不容易被人承认，为真理坚持到底，往往会付出极高乃至惨痛的代价。

## □史海钩沉

### 完璧归赵

战国时期，赵王得到了名贵宝玉和氏璧，这件事情让秦国大王知道了，他就写了封信，派人去见赵王，说秦王愿意用十五座城池来换这块宝玉。

赵王想答应秦王的要求，却担心秦国不履行诺言；想不给，又怕得罪秦国。蔺相如主动提出拿着宝玉出使秦国，赵王点头同意了。

蔺相如来到秦国谒见了秦王，并献上和氏璧。秦王手捧美玉满心欢喜，爱不释手，传给大臣和妃嫔们观看，却压根儿不提给赵国十五座城池的事。

蔺相如看出秦王并无诚意，便心生一计，上前说道："这块美玉有点小毛病，让我指给您看。"秦王信以为真，便命侍臣将璧传给蔺相如。蔺相如拿到和氏璧，后退几步，背靠柱子，愤怒地说："大王只顾观赏宝玉，根本

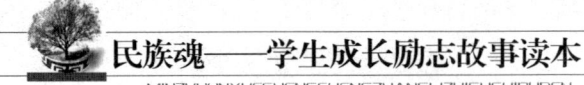

不提交城之事，可见您并无诚意，所以我将璧收回。大王要是逼迫我，我就撞死在这根柱子上，这块宝玉也一块儿撞碎。"秦王怕宝玉真的撞碎，赶紧道歉，并派人将地图拿来，装模作样地将准备给赵国的十五座城池的位置指给蔺相如看，还答应过几日举行盛典，正式宴请蔺相如。

蔺相如知道秦王根本不会用城池换和氏璧，当天夜里，他便叫手下人穿着破衣服，将和氏璧送回了赵国。

秦王斋戒五天后，在正殿隆重地接待了蔺相如。蔺相如对秦王说："我看大王并无诚意，因此早将和氏璧送回赵国了。我并不是想违约，秦国比赵国强大，如果大王您做出高姿态，先交出十五座城池，赵国一定不敢不将宝玉拱手相送。我知道这样做欺骗了您，请您把我处死吧！不过，也请您先好好考虑一下该怎么做。"

秦王恼怒万分，但又无可奈何，心想，杀了他不但得不到宝玉，还把秦、赵两国的关系弄僵了，只得放他回去了。

□文苑荟萃

### 刖 刑

刖刑，又称剕刑，是中国古代一种酷刑，指砍去受罚者左脚、右脚或双脚。刖刑在夏朝称膑，周朝称刖，秦朝称斩趾。刖刑乃隋朝以前的五刑之一，属肉刑。亦有指它是清朝十大酷刑之一。刖刑不同于膑刑。膑刑指挖去膝盖骨，战国时期著名军事家孙膑正是受此刑。而刖刑指砍去脚，春秋时和氏璧的发现者卞和即被施以刖刑。

 # 少年陈寿求学千里拜师

陈寿（233—297年），字承祚，巴西安汉（现四川南充）人。西晋史学家。他小时候好学，师事同郡著名学者谯周。在蜀汉时曾任卫将军主簿、东观秘书郎、观阁令史、散骑黄门侍郎等职。当时，宦官黄皓专权，大臣都曲意附从。陈寿因为不肯屈从黄皓，所以屡遭遣黜。入晋以后，历任著作郎、长平太守、治书侍御史等职。274年，陈寿开始撰写《三国志》，历时十五年左右完成。

陈寿是西晋时期的著名史学家，名著《三国志》的作者。他出生在三国时期，从小接受过良好的家庭教育。

陈寿天资聪颖，勤学好问，5岁时，父亲就教他读书写字，10岁时，他就读完了家里所有的藏书。在离他家很远的地方——南充县有个叫谯周的老师，对孔夫子的学问很有研究，是当时首屈一指的儒学大师。谯周开办了一所闻名天下的学堂，陈寿想到那儿去求学，父母不放心让一个年幼的孩子去那么远的地方上学，可禁不住陈寿的苦苦央求，终于答应了。

陈寿背上简单的行李，带上干粮，沿着嘉陵江不停地行走。饿了，吃口干粮；渴了，喝口江水；累了，却舍不得坐下来休息，一心想快点到达目的地。

经过十多天的辛苦跋涉，终于到达南充，找到了让他朝思暮想的老师。

谯周见陈寿是个十几岁的小孩子，心想：到我这里来求学的人都是二十多岁的成年人，这个小毛孩子若是贪玩，不能坚持学习，岂不有损学堂的名声？于是他就连哄带劝地对陈寿说："你太小了，先回去，过几年再来，好吗？"

陈寿一听，连忙上前哀求："老先生，请您收下我吧！别看我年岁小，可我已经读完了《诗经》《礼记》《春秋》，难道还没有资格当您的学生吗？"

谯周听陈寿说读了这么多的书，有点儿不信，就出了几道题考考他。没想到，陈寿对答如流。谯周非常惊讶，见陈寿虽然年幼，但聪明伶俐，一下子就喜欢上了他。可想到他的年龄实在太小了，就又犹豫起来，半晌没有说话。

陈寿见老师不说话，急忙走到老师跟前，抬起脚对他说："先生，我为了到您这儿来读书，在路上走了十几天，鞋底都磨穿了，您一定得收下我呀！"

谯周低头一看，只见陈寿的鞋底果然被磨穿了，脚也磨破了皮，还有几处结了血痂。他被这位少年顽强坚忍的精神所感动，一把拉住陈寿的小手说："好吧！先试试看。"

从此，在谯周的学堂里多了一张稚嫩的面孔。谁曾想就是这个年龄最小的学生，竟然成了谯周最得意的弟子。难怪谯周老师逢人便夸："孔子弟子三千，贤人七十二；我几十个学生中出了个陈寿，也不枉为人师。"

陈寿的到来打破了学堂里死气沉沉的气氛，给学堂增添了无限生机。过去从来无人问津的堆在角落里的竹简，陈寿都一一搬来仔细阅读。

每天天不亮，陈寿就早早起床爬上山坡晨读，那清脆悦耳的读书声响彻山谷，书声琅琅，十分动听。夜已深，老师、同学们早已进入梦乡，陈寿仍然独坐在屋檐下，手举点着的麻梗，如饥似渴地看着竹简、帛书。

一天晚上，陈寿看书时打起了瞌睡，一不小心头发被麻梗烧着了，痛得陈寿从梦中惊醒。于是，陈寿大受启发，从此他困倦难忍的时候，便用麻梗烧自己的头发。这样，他就可以彻夜不眠，一直学习到天明。

陈寿在谯周的学堂里苦学了五年，终于成为一位才华横溢、学识渊博的青年。这时他觉得，要想写史书，光靠读书还不行，还要仔细收集和整理资料。于是，他拜别了恩师，回到家乡，广泛地搜集有关史料，终于写出《三国志》这部著名史书，为中华民族光辉灿烂的历史又增添了绚丽的一页。

## ■心灵物语

陈寿为了学习知识，不惜千里拜师，燎麻烧发，这是怎样的一种境界啊！意志和毅力是能否成功的关键，自制力是人的德行的保障与支柱。一个没有自制力的人，很难实现其有价值的人生。

## ■史海钩沉

### 晋灭吴之战

晋灭吴之战是西晋咸宁五年（279年）十一月至次年三月，晋武帝司马炎发兵，水陆并进，直取建业（今江苏省南京市），一举灭吴国，实现统一的战争。

司马氏建立晋王朝后，据有原魏、蜀之地，吴国仍然据有长江中、下游及岭南等地区。双方接壤数千里，时常有战火发生。从晋泰始五年（269年）起，晋武帝就筹划剿灭吴国，他一面改善内政，发展农业、积存粮食，一面优选将帅，造楼船，练水军。而吴国国君孙皓却暴虐荒淫，导致民穷财竭，上下离心；又自恃长江天险，戒备松散。

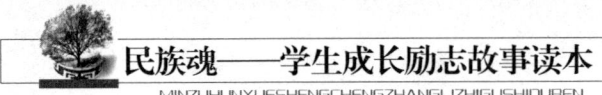

咸宁五年（279年）十一月，晋武帝发兵20余万，分六路进军攻打吴国，第二年二月初，攻克丹阳城（今湖北省秭归东）后，攻破吴军横断江路之铁锁铁锥，船行无阻，后来又擒获吴西线统帅、都督孙歆。

在东线战场，吴国丞相张悌率领3万军队渡过长江迎战，被晋国的军队夹击大败而归。晋军当机立断，挥师直指建业，吴军惊恐怯懦，士卒闻讯逃散，不战而降，于是吴国灭亡。

此战，西晋准备周密充分，善择战机，兵分多路，水陆并进，发挥强大的水军作用，临机果断，一举获胜。吴主昏庸，防务松弛，将士离心，缺乏统一对策，招致节节失败。晋灭吴后，东汉末年以来分裂近百年的中国复归统一。

■文苑荟萃

## 《三国志》

《三国志》全书65卷，其中《魏书》30卷，《蜀书》15卷，《吴书》20卷。作者陈寿是晋朝朝臣，晋承魏而得天下，所以《三国志》尊魏为正统。《三国志》为曹操写了本纪，而《蜀书》和《吴书》则记刘备为《先主传》，记孙权称《吴主传》，均只有传，没有纪。

《三国志》位列中国古代二十四史记载时间顺序第四位，与《史记》（司马迁）、《汉书》（班固）、《后汉书》（范晔）并称"前四史"。

《三国志》不仅是一部史学巨著，更是一部文学巨著。陈寿在尊重史实的基础上，以简练、优美的语言为我们绘制了一幅幅三国人物肖像图。

锲而不舍故事

# 《三都赋》使洛阳纸贵

左思（约250—约305年），字太冲，齐国临淄（今山东淄博）人。西晋著名文学家。晋惠帝时，依附权贵贾谧，为文人集团"二十四友"的重要成员。永康元年（300年），因贾谧被诛，遂退居宜春里，专心著述。太安二年（303年），因张方进攻洛阳而移居冀州，不久病逝。

晋武帝太康年间，发生了这样一件怪事：一时间京城洛阳纸张价格突然飞涨了起来。即使如此，纸张还是时常脱销，后来竟发展到有多少钱也买不到纸了。于是，人们不顾路途遥远，纷纷到外地购买纸张带回洛阳。这是怎么回事呢？原来左思写了一篇令世人瞩目的《三都赋》，大家都在争相购买纸张进行传抄呢。

左思小时候很贪玩，学习成绩不理想。一天，望子成龙的父亲左熹无奈地当着左思的面对朋友说："这孩子没指望了，一天到晚只知道玩。"朋友劝慰道："孩子尚小，大点儿就知道用心学习了。"父亲苦笑道："七岁看小，八岁看老，他都十岁了，却还不知道在学习上用心，唉！"

这话深深地刺伤了左思，他既惭愧又气愤，心想：您说我不行，我偏要学出个样儿让您瞧瞧，让您为拥有我这样的儿子而骄傲、自豪。

父亲的激将法果然奏效，从此，左思整日闭门读书。功夫不负有心人，由于左思刻苦努力，学业大有长进。几年后，他便写下《齐都赋》。《齐都赋》文笔清新、流畅，用词准确、典雅，深受人们的赞赏。但他

没有满足现状，又仔细研读了汉朝班固写的《两都赋》、张衡写的《二京赋》。左思对这两篇很有名气的大赋有自己独到的看法，认为他们的描写有些流于虚幻，缺乏事实根据。他决心学习前人，超越前人，把三国时代的吴都建业、魏都邺城、蜀都成都合起来写篇《三都赋》。

为了写好这篇《三都赋》，左思千里迢迢地访问了在四川做过官的著作郎张载，虚心向他请教。不仅如此，他还亲历成都的山山水水，了解那里的风土人情，仔细研读地方志，查看地图并阅读大量有关书籍。整整十个年头呀！他不是出游察看现场，就是埋头于苦心创作之中。

为了集中精力写作，他谢绝一切来访，专心致志，边构思边写，从不轻易落笔，句句深思熟虑，字字都静下心来反复推敲，反复修改，力图做到真实、合乎历史与地理的实际。

为了将及时捕捉到的灵感记下来，左思在他的房间里、院落里，甚至厕所里都摆放上纸片、笔墨，一有所得就随手记下来。家宅庭院，满是他写的草稿纸。就这样，几年来，左思的脑子全被他的创作塞得满满的。

每每夜深人静，只有他的书房里还亮着灯，他时而奋笔疾书，时而伫立沉思……

时光流逝，左思日夜凝思苦想，人消瘦了许多，丝丝白发悄悄爬上了他的双鬓。十年磨一剑，他夜以继日，足足花了十年的心血，终于完成了《三都赋》。此时的左思也已由一个青年人变为一个中年人了。

《三都赋》完成之后，被人们交口称赞，于是，出现了前面我们讲的画面：洛阳纸张价格飞涨……

许多名人对左思的《三都赋》佩服得五体投地，纷纷传抄。从此，"洛阳纸贵"这个成语便一直流传下来，用以称誉著作风行一时，流传很广。

☐心灵物语

《三都赋》的成名绝非偶然。左思凭着自己顽强的毅力和信念，最终

实现了自己的奋斗目标。一个人要想做什么事，就要下定决心，脚踏实地，排除万难，一干到底，不达目的不罢休，这就是毅力。

## ■史海钩沉

### 晋武帝恢复生产

晋武帝采取一系列经济措施以发展生产，屡次责令郡县官劝课农桑，并严禁私募佃客。又招募原吴、蜀地区人民北来，充实北方，并废屯田制，使屯田民成为州郡编户。太康元年，颁行户调式，包括占田制、户调制和品官占田荫客制，由于这些措施，太康年间出现一片繁荣景象。

## ■文苑荟萃

### 《三都赋·序》

左　思

盖诗有六义焉，其二曰赋。杨雄曰："诗人之赋丽以则。"班固曰："赋者，古诗之流也。"先王采焉，以观土风。见"绿竹猗猗"，则知卫地淇澳之产；见"在其版屋"，则知秦野西戎之宅。故能居然而辨八方。

然相如赋《上林》而引"卢橘夏熟"，扬雄赋《甘泉》而陈"玉树青葱"，班固赋《西都》而叹以出比目，张衡赋《西京》而述以游海若。假称珍怪，以为润色，若斯之类，匪啻于兹。考之果木，则生非其壤；校之神物，则出非其所。于辞则易为藻饰，于义则虚而无征。且夫玉卮无当，虽宝非用；侈言无验，虽丽非经。而论者莫不诋讦其研精，作者大氐举为宪章。积习生常，有自来矣。

# 胡三省三十年释《通鉴》

胡三省（1230—1302年），字身之，台州宁海（今浙江宁海县）人。中国宋元之际史学家，南宋理宗宝祐年间进士，历任县令、府学教授等职。应贾似道召，从军至芜湖，屡有建言，贾似道专横不用。后隐居不仕。自宝祐四年（1256年）开始专心著述《资治通鉴广注》，元世祖至元二十二年（1285年）完成《资治通鉴音注》294卷及《通鉴释文辨误》12卷，对《通鉴》作校勘、考证、解释，对《释文》作辨误，并对史事有所评论。

南宋末年，由于元军南下，大量南宋国土沦丧，人民处在水深火热之中。

当时，在江陵做县令的胡三省，目睹了元军的烧杀抢掠，心中悲愤不已，出于爱国激情，毅然投身到抗元的斗争中。

谁知，由于奸相专权，使得南宋朝政非常腐败，胡三省只得愤然弃官，隐居乡里。

胡三省早年读过北宋司马光编的《资治通鉴》这部大作，而且精读过许多遍。一些文人学子读《资治通鉴》时，遇到有不懂的地方常向胡三省请教。胡三省常想：我亲自给这些人解疑难问题，得到帮助的人数有限。如能把这部书全都注下来，该给世人和后代带来多大好处啊！

想到这，他决心立刻动手做起来。

在当时的环境下，个人注史，无论从财力、精力还是劳动量上来讲，都是困难重重的。

胡三省不畏艰难，想方设法借来了各种史书，与《资治通鉴》对照着读，然后摘抄整理史料。根据《资治通鉴》所记的次序，逐条逐句地注解诠释。他日夜努力，寒暑不辍，四年后，终于写成了《资治通鉴广注》97卷和史论10篇。望着自己心血结晶而成的书稿，胡三省露出了欣喜的笑容。

1276年，南宋都城临安被元军攻陷。胡三省感到自己责任重大，他要保护书稿。

当时，形势非常紧张，有消息说，元军可能要从海上袭来，攻打浙东。胡三省考虑再三，决定躲避到山区去。他约了几个读书人一道，背着沉重的书稿，翻山越岭，西行向新昌逃难。

谁知，正当胡三省与几个读书人行走在山间小道上时，杀出十来个强盗。他们大肆砍杀，手起刀落，把胡三省的同伴杀了。胡三省滚落山涧才幸免于难。

同伴被杀，胡三省悲痛万分。更令他伤心的是，《资治通鉴广注》的书稿也没有了！

胡三省独自一人来到新昌，在一富人家当家庭教师。书稿丢失，并没有使胡三省灰心，人还在，仍可继续写！于是，他白天教书，晚上为《资治通鉴》继续作注。

又经过近十年的写作，胡三省重新撰写了《资治通鉴音注》。这时，元军已攻入浙东，胡三省又得逃难了。他吸取上次书稿丢失的教训，把书稿交给自己的好朋友袁洪，千叮万嘱，然后逃到乡下。

袁洪深知这部书稿的价值，他没有辜负朋友的嘱托，把书稿封藏在家中的一个地窖中。后来元军入城，虽大肆抢掠，却始终没能搜寻到这个地窖。时局平稳后，胡三省返回袁洪家，见书稿完整无损，他感动得流下眼泪。

胡三省带着书稿回到家乡宁海，继续修改补充。

这时，他已经70多岁了，又患有气喘病。儿子见老父亲彻夜著书，劝他注意身体，胡三省说："人生在世，总得作为一番，实现这个目的，只有一个'毅'字。所以，只要能完成此书，累死了又有什么可遗憾的呢？"

的确，从42岁弃官开始，胡三省著书已有30个年头。直到临死前，他的《资治通鉴音注》才最终完稿。

## ■心灵物语

用30年的时间著书，而且原稿丢失后又重新撰写，一般人早就放弃了，而胡三省却凭借着超人的毅力完成了《资治通鉴音注》这部巨著，这源于他对知识的挚爱以及坚定的信念。

## ■史海钩沉

### 《通鉴音注》体例的演变

胡三省所撰《通鉴音注》的体例演变，大体分为两个过程：先是按唐陆德明《经典释文》的体例，写成《广注》《通论》《辨误》三书。稿轶重撰时，总称为《资治通鉴音注》。此书对《通鉴》记载的有关典章制度、音韵训诂都有详细注释，特别是对音训、地理诸项，考证尤为精详，订谬殊多。古代对于《通鉴》的注释，卷帙浩繁，历来以此书声价最高，是目前研究"通鉴学"最完整的参考资料。

## ■文苑荟萃

### 《资治通鉴》

《资治通鉴》，简称《通鉴》，是北宋司马光主编的长篇编年体史书，共294卷，耗时19年编成。《通鉴》记载的历史由周威烈王二十三年（公元前403年）至五代的后周世宗显德六年（959年）征淮南，跨16个朝代，共1363年逐年记载的详细历史。它是中国第一部编年体通史，在中国史书中占有极重要的地位。

 # 王冕画荷成千上万

王冕(1287—1359年),字元章,号煮石山农、会稽外史、梅花屋主、九里先生、江南古客、山阴野人、竹冠草人、梅叟、煮石道者、老村、梅翁等。浙江诸暨(今属浙江绍兴)人,元代著名画家、诗人、书法家。隐居九里山,以卖画为生。画梅以胭脂作梅花骨体,花密枝繁,别具风格,亦善画竹石,兼能刻印,用花乳石作印材,相传是他始创。著有《竹斋集》《墨梅图题诗》等。

古代有个大画家王冕最擅长画荷花,他画的荷花姿态万千,像真的一样。许多人为了求他画一幅荷花,不辞辛苦,从老远的地方带着贵重的礼物赶到他家。

大家只知道他画儿画得好,可没有几个人知道他为何会画得这么好。其实,这位画家小时候家里很贫困,他白天替人放牛,只有晚上才有一点时间在自己家里的小破桌子上画画。

有一天,王冕在湖边放牛,忽然下起一阵雨。一会儿雨停了,湖里的荷花和荷叶被雨水冲洗得非常干净,荷花在微风中摇曳,荷叶上还有亮晶晶的水珠。他看了这样的美景,心里想:要是把它画下来该多好啊。于是,他用身上仅有的一点零用钱买了纸和笔,开始画荷花。

画了一张又一张,每一张都不好,不是颜色不对,就是构图不好。可是,王冕一点儿也不灰心。画啊,画啊,半天的时间不知不觉过去

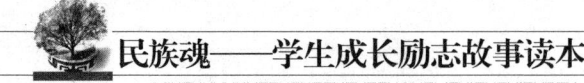

了。等他一抬头，天已经快黑了，牛也不见了，他只好空着手回去了。

回去后，他挨了一顿骂。可是，他一点儿也没打算放弃，他坚信总有一天他会画好的。于是，不管日晒雨淋，他每天都一边放牛一边观察荷花。他不仅在湖边画，晚上回家还要画上几个时辰。

日子一天一天地过去了，王冕不知画了多少幅荷花，可能要以千、万来计数，他的荷花越画越好。渐渐地，十里八乡都知道他的荷花画得好，很多人都想要他的画。他便把荷花画拿出去卖，卖的钱拿回家孝敬母亲。他的家境渐渐好转，不再替人放牛了。同时他的名声也渐渐远播，终于成为一个天下闻名的大画家。

■心灵物语

王冕在落魄困窘的情况下，仍然坚持不懈、锲而不舍，执着地作画。他的成功正是由于他不屈不挠的意志和毅力！在人生旅途中，有坚定的信念，并坚持做下去，就会有收获。

■史海钩沉

### 王冕苦读

王冕七八岁时，父亲叫他在田埂上放牛，他却偷偷地跑进学堂，去听学生念书。听完以后，总是默默地记住。傍晚回家，他把牛都忘记了。父亲大怒，打了王冕一顿。过后，他仍是这样。

他的母亲说："这孩子读书这样入迷，何不由着他呢？"于是王冕离开家，寄住在寺庙里。一到夜里，他就悄悄地走出来，坐在佛像的膝盖上，手里拿着书就着佛像前长明灯的灯光诵读，书声琅琅，一直读到天亮。佛像多是泥塑的，一个个面目狰狞凶恶，令人害怕。王冕虽是小孩，却神色安然，好像没有看见似的，依然坚持苦读。

## 《喜雨歌赠姚炼师》

### 王　冕

今年大旱值丙子，赤土不止一万里。

米珠薪桂水如汞，天下苍生半游鬼。

南山北山云不生，白田如纸无人耕。

吾生正坐沟壑叹，况有狼虎白日行。

## 《别金陵》

### 王　冕

六朝旧迹俱寻遍，千古英雄一笑休。

黄叶乱随秋雨落，长江空带楚天流。

樽前有客翻新调，白下无人说故侯。

明日西风天色好，吹箫骑鹤上扬州。

# 齐白石绘画七十年

齐白石（1864—1957年），原名纯芝，字渭清，号白石，湖南湘潭人。我国著名的国画大师。1953年，他被授予"人民艺术家"的光荣称号，表彰他在发展民族绘画方面做出的巨大贡献。同年10月，他被推选为中国美术家协会主席。

齐白石是我国现代书画家和篆刻家，但他原是一位雕花木工，只在余暇学画和篆刻。

年轻时齐白石就特别喜爱篆刻，但他总是对自己的篆刻技术不满意。一次，他向一位老篆刻师虚心求教，老篆刻师对他说："你去挑一担础石回家，要刻了磨，磨了刻，等到这一担石头都变成了泥浆，那时你的印就刻好了。"于是，齐白石就按照老篆刻师的意思做了。他挑了一担础石来，一边刻，一边磨，一边拿古代篆刻艺术品来对照琢磨，就这样夜以继日地刻着。刻了磨平，磨平了再刻，手上不知起了多少个血泡。日复一日，年复一年，础石越来越少，而地上淤积的泥浆却越来越厚。最后，一担础石终于统统都"化石为泥"了。这坚硬的础石不仅磨砺了齐白石的意志，而且使他的篆刻技术在磨炼中不断长进。他刻的印雄健、洗练、独树一帜。渐渐地，他的篆刻技术达到了炉火纯青的境界。

27岁那年，齐白石的人生出现了重大转折。1889年春节，书画家

胡沁园给齐白石出了个画题，让他画一张横批。看了齐白石的作品，胡沁园十分惊喜，随即收齐白石为徒。他教齐白石读唐宋诗，并引导他看小说。齐白石非常珍惜这些机会，常常读到深夜。经过几个月的苦读，齐白石背熟了《唐诗三百首》，还研读了不少古人诗文，浏览了许多古典名著。扎实的基础使齐白石作的诗别具一格，具有唐风宋骨的韵味。

胡沁园从"立意""用笔"等基本功入手教授齐白石，还把自己珍藏的古今名画借给他观摩。齐白石眼界大开，他揣摩"八大山人"的作品，临摹、领会其用笔之妙，吸取百家之长，绘画技艺突飞猛进，不足一年就掌握了山、水、人、物、花、鸟的基本画法和技巧。在老师的言传身教下，他苦练书法和刻印。短短几年时间，齐白石在绘画、篆刻、吟诗、书法、装裱等方面都取得了惊人的进步，成为名满天下的书画家。

现在，说起齐白石的创作，很多人觉得轻松得宛如儿戏。对于艺术，齐白石的确以一个孩子对游戏的热忱去加以体悟。看他的画，大刀阔斧的几笔，就能传神地表现一个事物。有人说，他画上的荷叶，是用屁股蘸上墨，再一下坐到纸上而来的，但是，真功夫并非一朝一夕修成的，要从满是尘土的地里创造一个菩提世界，并不仅仅是有天分、有童趣就可以的。齐白石在自己的诗中说："苦把流光换画禅，功夫深处渐天然。"

在70多年的艺术生涯中，齐白石差不多每天都要作画，"不教一日闲过"，所谓"笔如农器忙，砚田牛未歇"。27岁以后，只有两次害病、一次遭父母之丧才搁过笔。1956年后，齐白石的体力、精力明显衰退，把笔作画，有时甚至连"白石"二字的写法都忘记了，但他仍然不歇笔。

1920年至1929年间，齐白石在他的"衰年变法"中，以惊人的毅力作画一万多幅，刻印三千多方。"狐腋非一皮能温，鸡跖必数千而饱矣"，时下很多人做艺术，讲究"顿悟"和"信手拈来"，在创作之前大摆旁人看不明白的"招魂阵"，等着艺术的精魂附体之时一挥而就；或思考刚有了点眉目，便开始大兴创作之事，真是自欺欺人的愚蠢行为。

齐白石的绘画功力在从不懈怠的努力下，达到了高峰。1946年，他复出画坛后，南京派飞机接他去开画展，蒋介石接见，于右任设宴款

待。新中国成立后，毛泽东请他到中南海吃饭；周恩来亲自嘘寒问暖；中央美院请他当名誉教授；全国美协选他当主席；1953年，被授予"人民艺术家"称号；1955年，世界和平理事会授予他国际和平奖；1963年被列为世界文化名人。

## ☐心灵物语

　　既然石头都可以磨成泥浆，学习及艺术上的困难有什么克服不了的呢？毅力可以转化为神奇的力量，帮助我们到达成功的彼岸，让奋斗的人生绽放出芬芳的花朵！而毅力来自于一个人乐观的心态，不管顺境、逆境，乐观积极地对待，总会有意外的收获。

## ☐史海钩沉

### 最重要的友人

　　1919年，齐白石举家迁往北京，在那里卖画治印为生。此时他结识了一生之中也许是最重要的一位友人——陈师曾。他们的关系后来被人概括为"没有陈师曾就没有齐白石，没有齐白石也就没有陈师曾"。陈师曾在当时绘画界新思潮汹涌澎湃时仍坚定地拥护传统，曾著《文人画的价值》一书。然而正是这位貌似古板的陈夫子多次鼓励和指引白石翁，支持他以十年工夫进行"衰年变法"，从此他的大写意花鸟方始元气淋漓，呈现出为世人所熟知的面貌。

## ☐文苑荟萃

### 《题借山图》

齐白石

吟声不断出帘栊，斯世犹能有此翁。
画里贫居足夸耀，屋前犹有旧邻松。

# 张大千三年泥屋绘敦煌

> 张大千（1899—1983年），四川内江人，祖籍广东省番禺。著名的艺术家。

张大千是我国近代书画诗文俱绝的一代艺术大师。

20世纪五六十年代，正当人们认为中国画已穷途末路之时，张大千在海外异军突起。他根据自己长期的艺术实践，兼摄世界美术之长，创造了影响深远的大泼墨、大泼彩技法，不仅为中国画的表现开辟了新的道路，而且显示出他在驾驭笔、墨、色、水、纸方面已达到出神入化的境地。

张大千的画被徐悲鸿誉为"五百年来第一人"；他的书法，潇洒流畅、遒劲挺拔、别具一格，他是卓越的书法家；他的诗文，直追盛唐隆宋，清雄豪宕、恬适醇美、韵味无穷。黄苗子先生回忆说："大千题跋不起稿，也不大改的，常常信手写来，令人拍案叫绝。"有人评价说："国画家能够上承古代美术遗产，兼摄世界美术之长，使国画的技艺、境界向上延伸一步，到今天只有张大千。"

张大千毕生献身于艺术事业，为发扬光大中国传统文化艺术做出了卓著的贡献，被誉为"当今最负盛名的国画大师"。

敦煌莫高窟是一座灿烂的东方艺术宝库，汉唐鼎盛时期，莫高窟有洞窟千余个。风刀雪剑、沙湮土埋的自然破坏不说，仅就大规模的人为

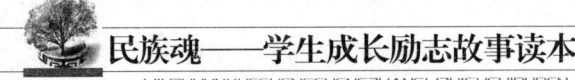

破坏就有数次之多，使敦煌艺术经历了无数的劫难。而敦煌的最大损失，是被外国侵略者盗走了大量壁画、经卷和塑像。在现存的490个洞窟中，最早的为北魏年间所建。这些石窟有大有小，大的如礼堂，小的仅能容纳一人。窟内精美的佛像、菩萨、飞天、舞乐伎等工笔壁画和彩塑异彩纷呈、令人目眩。它们都是魏唐以来历代画师的丹青真迹。石窟所有壁画，按照每幅画高度2米计算，排列起来，将有2500米长；彩塑排列起来，有1500米长，可谓世界上最长的画廊和最大的美术馆。

1931年3月，张大千第一次踏上赴敦煌的征途。经过一个多月的长途跋涉，张大千终于来到了莫高窟。在莫高窟附近的一个破庙里住下后，他便带领帮工和随行的士兵清理积沙，修路开道，开始对石窟进行记录和编号。经过5个月的艰苦工作，他们总共为309个洞窟编了号。由于生活用品准备不足，人少力薄，以及画布和颜料等画具临摹效果不佳，张大千一行不得不于年底返回兰州，筹集人马，补充物品，以作长期打算。1942年3月，张大千率子张心智以及随从等一行9人，从西宁包租一辆卡车，第二次来到敦煌。

临摹敦煌壁画的工作是十分艰巨的，为了加快进度和保证质量，张大千在朋友的担保下，获得青海主管特准，亲往塔尔寺以每月50块大洋雇到此前认识的五位画师。他们专为大千磨制颜料、缝制画布、烧制木炭条。为使临画色彩亮丽且历久不变，并能使所临壁画恢复如初，张大千所使用的颜料多为石青、石绿、朱砂等矿物质，这些珍贵的颜料来自西藏，每斤价格在40至50两银子之间，而且每种都在100斤以上。颜料经精工细磨后才能使用。张大千所用画布大到数丈，画师拼接缝制画布更是拿手绝活，往往是天衣无缝，不露痕迹。画布需抹上胶水，填平布孔，再打磨七次，方能下笔。

洞窟内光线暗淡，有时他们用一块镜子将日光反射入窟内进行临摹。但多数时间是一手秉烛或提灯，一手握笔，有时手持电筒反复观看多次，才能画上一笔。洞窟里空气滞闷，待上半天，人就觉得头昏脑涨。深而大的石窟更是阴冷潮湿，夏天要穿棉衣，冬天则滴水成冰，无法工作。在高大的洞窟里临摹，还必须搭梯而上。碰到藻井或离地面很近的壁画，只能仰面或侧身而卧临摹，上下反复，时卧时起，不久就使人汗流浃背。

临摹的程序一般是先由助手们把透明的蜡纸覆盖在壁画上，照影勾摹，再将勾摹好的画稿用复写方法拓于打磨好、绷在画框上的白布上，然后经弟子或画师上色，由张大千用墨勾描出线条并最后定稿，才算完工。

临摹不是简单的模仿，而是一门学问。敦煌壁画是历经千年的艺术精品。从时代特点看，上至魏晋，下迄宋元，代有千秋。特别是隋唐以来的人像，形神兼备，光彩照人，实为罕见的艺术精品。张大千认为："人物画到了盛唐，可以说已到达了至精至美的完美境界。"为了形容壁画之美，他曾风趣地说："有不少女体菩萨，虽然明知是壁画，但仍然可以使你怦然心动。"

地处荒漠中的莫高窟，生活环境十分艰苦。这里缺水无菜，没有柴烧，饮用水要到几千米外的地方挑取。张大千抱着苦心修炼的决心，每日早晨入洞，直至夕阳西下。取暖做饭用柴也要由20余峰骆驼到200里以外的地方运来，每次往返都要七八天。特别是缺少新鲜蔬菜，这对于热衷美食的张大千来说，简直苦不堪言。而且，这一带兵匪不分，还常有凶悍的异族人窜来骚扰劫杀，使人胆战心惊。好在有地方军常年派兵守护，才免除匪患。

1943年5月，张大千告别了莫高窟，伴随着驼铃声向榆林窟进发。榆林窟，俗称"万佛峡"，位于安西县城南约200华里处，它与莫高窟、西千佛洞和水峡口小千佛洞都是独立的石窟群。由于它们的壁画和雕塑的时代特点与艺术风格很相近，同属一个体系，所以统称为"敦煌石窟艺术"。

张大千曾数次前往榆林窟观摩、考察。虽然榆林窟的壁画在数量上

远不能与莫高窟相比，但其艺术水平完全可与莫高窟媲美。如第17窟的盛唐壁画，其技艺之高，保存之完好，为莫高窟所未有。还有一幅西夏《水月观音像》，张大千更是反复欣赏，赞叹不已。经过一个月的艰苦工作，张大千一行在榆林窟共临摹壁画十余幅，包括西夏的《水月观音像》、唐代的《吉祥天女》《大势至菩萨》以及《供养人》等。其中一幅《卢舍那佛》成为张大千榆林窟之行的得意之作，从而为大千的敦煌之行画上了完美的句号。

临摹工作耗时费工，工程量巨大。从1941年3月赴敦煌到1943年6月中旬离开榆林窟，10月回到成都，在两年多的艰苦岁月中，张大千以常人所没有的勇气和毅力，凭着为艺术事业献身的坚定信念，风餐露宿，呕心沥血，为敦煌艺术作出了重大的贡献。

他是国内专业画家中临摹敦煌壁画的第一人，是敦煌学研究的先驱者和带路人。张大千说过，"画画儿没秘诀，一是要有耐性；二是要有悟性。"很多人或许不缺悟性，而尤缺耐性，大都忍受不了"十年磨一剑"和"临池三年"，小有名气就耐不住寂寞。在国人都不知道敦煌时，张大千在寥无人烟的洞窟前的小泥屋一住就是三年，经他的呼吁，才有留法画家常书鸿的镇守，以及后来的敦煌学。

## ■心灵物语

所谓绝艺，几乎都出自把一生心力灌注在艺术上的精神与毅力。张大千在敦煌洞窟里毫无懈怠地临摹，正是这种精神之体现吧！

## ■史海钩沉

### 张大千创立大风堂画派

大风堂画派简称"大千画派"，是中国综合性绘画流派之一，由张善子、张大千昆仲共同创建。

在20世纪20年代，张善子、张大千在上海西门路西成里"大风堂"开堂收徒，传道授艺，所有弟子皆被称为"大风堂门人"。大风堂画派是一个有别于"长安画派""海上画派""京津画派"等，且唯一不以某个具体区域划分和命名的画派；它是一个延续、开放、包容性极强的中国画中的综合性画派，不管是山水、花鸟、人物画种，还是工笔、写意、泼墨、泼彩等画法，大风堂画派的画风都呈现出百花齐放的景象，是一支生生不息、代代传承的中国画画派。

□ 文苑荟萃

## 《画说》节选

张大千

一个成功的画家，画的技能已达到化境，也就没有固定画法能够拘束他，限制他。所谓"俯拾万物""从心所欲"。画得熟练了，何必墨守成规呢？但初学的人，仍以循规蹈矩、按部就班为是。古人画人物，多数以渔樵耕读为对象，这是象征士大夫归隐后的清高生活，不是以这四种为谋生道路，后人不知此意，画得愁眉苦脸，大有靠此为生，孜孜为利的样子，全无精神寄托之意，岂不可笑！梅兰菊竹，各有身份，代表与者受者的风骨性格，又是花卉画法的祖宗，想不到现在竟成了陈言滥套！

 # 焦菊隐从艺几十年如一日

焦菊隐（1905—1975年），原名焦承志，生于天津，祖籍浙江绍兴。中国导演艺术家、戏剧理论家、翻译家，北京人民艺术剧院的奠基者之一。1928年毕业于燕京大学，后曾任北平第二中学校长，北平中华戏剧曲艺学校校长。1937年获巴黎大学文科博士学位，回国后历任广西大学、西北师范学院、北平师范大学教授，北京师范大学文学院院长，北京人民艺术剧院副院长、总导演。全国第二、三、四届政协委员。

　　1935年9月到抗日战争爆发，我国的戏剧大师焦菊隐在法国的巴黎大学攻读博士学位。在异国他乡，他认真、广泛地学习和研究西方的文学和戏剧，在融汇、鉴别和比较中西方戏剧的基础上，经过一年的潜心学习和研究，以流畅的法文写出了博士论文《今日之中国戏剧》。在这部十余万字的著作中，焦菊隐详细论述了中国京剧的发展和艺术特色以及30年代戏曲的教育体制及发展前景，同时也反映了话剧在中国的情况，内容涉及剧目、表演、化妆、服装、布景、灯光、剧场管理、人才培养等各个方面。这篇论文凝结了焦菊隐对祖国戏剧遗产的深厚感情，从中也显示出他对戏曲艺术的渊博知识和真知灼见。即使在今天看来，这篇论文仍不失为一部研究中国传统戏曲艺术的宝贵文献。

　　1938年，焦菊隐拒绝了留在国外物质条件优厚的工作，毅然回国投入抗日洪流。但迎接他的却是一生中最为坎坷的岁月。战争给他带来的是失业、颠沛流离和穷困潦倒。尽管如此，他并不后悔回国的抉择，义无反顾地投身到进步的戏剧活动中，决心为抗战戏剧做出自己的贡献。

这期间他在桂林、江安、重庆等地分别导演了《一年间》《明末遗恨》《日出》《原野》和《桃花扇》等剧。他还应聘成为江安国立剧专话剧科主任，教授导演、表演、舞台美术、剧本选读等课程。精力充沛的焦菊隐除排戏、教书外，还撰写了《旧剧构成论》《旧时的科班》《旧剧新诂》《桂剧之整理与改进》《桂剧演员之幼年教育》等文章，在理论上为旧剧和桂剧的改革作出了贡献。

1942年底，焦菊隐到了重庆。他很想组织一个剧团，排演自己喜欢的戏剧。然而现实是残酷的，等待他的是失业。有两年左右的时间，他没有固定的职业和住处。有一次，他病倒在床上，身无分文，发着高烧，几乎到了死亡的边缘。在这濒临绝境的关头，一个爱好文艺的青年来看望他，临走时，在他的枕下悄悄地塞了一些钱，他才活了下来。就是在这样艰难的岁月里，焦菊隐系统地研究了苏联戏剧大师斯坦尼斯拉夫斯基的演剧体系，并以惊人的毅力翻译了丹钦柯的《文艺·戏剧·生活》、契诃夫的《契诃夫戏剧集》及匈牙利剧作家贝拉·巴拉希的《安魂曲》，还翻译了左拉的长篇小说《娜娜》。

投身于进步的戏剧活动，研究地方戏曲的改革，探索斯坦尼演剧体系并翻译苏联进步戏剧家的著作，这是焦菊隐在抗战时期的主要工作。

综观焦菊隐前半生的坎坷经历，我们不难看出，在旧中国，一个爱国学者要想实现自己的追求和理想是多么的不容易。正当焦菊隐非常苦闷的时候，新中国诞生了。他怀着游子找到母亲般的兴奋参加了全国第一次文代会，看了不少解放区的文艺作品，读了许多马列经典和毛泽东的文艺理论。他期待着施展才华的机会。

1950年元旦，北京人民艺术剧院（称"老人艺"）成立了，院长李

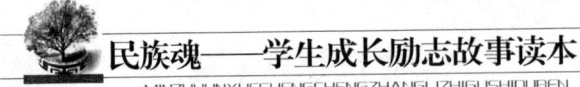

伯钊约请老舍先生创作了多幕话剧《龙须沟》，并特邀焦菊隐来院执导。1952年6月12日，今天的北京人艺成立，曹禺为院长，焦菊隐离开北师大，正式调入北京人艺，任第一副院长兼总导演。

倘若从"老人艺"算起，焦菊隐在这里工作了25年。在这些年里，焦菊隐为北京人艺和中国的话剧事业作出了不朽的贡献。曹禺说："焦菊隐在北京人艺致力于中国话剧民族化的创造，奠定了现实主义创作方法的基础。他创造了富有诗情画意、洋溢着中华民族情调的话剧，他是北京人艺风格的探索者，也是创始者。"

在此只举两个戏的例子。

老舍先生的《龙须沟》，剧本写得很好，人物性格突出，语言生动，全剧写得特别简练。当时于是之才二十五六岁，剧组中其他演员也大都是经验不足的年轻人，演好这样的剧本是相当困难的。焦菊隐排《龙须沟》，首先要求全体演员和舞美工作者用差不多三个月的时间到龙须沟去体验生活。每个演员体验生活的笔记，他都要看，并在上面作批注。他还要求演员写角色"自传"。他告诉演员们"要想创造人物形象，必先要有心像"，要求演员在生活的过程中，不仅体验内在的思想感情，还要观察人物的外在特点，逐渐积累、选择，以便创造出"心像"，创造出舞台上活生生的人。

此外，焦菊隐还非常注意处理好群众场面，对每一个小角色，即便是无名无姓的群众角色，他都不放过，像要求主要角色一样地要求他们，他非常讲究戏的全局。焦菊隐对舞台美术的要求也是一丝不苟的，他非常重视演出的整体感。

《龙须沟》的演出获得了很大的成功，为北京人艺奠定了现实主义的基础。《龙须沟》的经验，经过以后的发展，凝聚成三句话：丰富深厚的生活基础，真实深刻的体验，鲜明的人物形象。这三句看似普通的话，在北京人艺的人心中是有分量的。多少年来，它一直是剧院的追求。

　　话剧《茶馆》更是焦菊隐当之无愧的代表作。《茶馆》开创了我国进入新时期后中国话剧走出国门的历史，它是无可比拟的具有民族风格、民族气派的中国话剧。《茶馆》的艺术魅力不仅征服了中国的观众，而且也征服了西方的观众。他们把《茶馆》誉为"东方舞台上的奇迹""中国戏剧的高峰"。

　　焦菊隐把创造为广大群众所喜闻乐见的大众化的民族话剧作为后半生追求的目标，提出"民族化的目的就是群众化"。他勇于改革，坚持探索，不断创新，在艺术创作上从不因循守旧走老路。用他自己的话说，就是"不吃别人的剩饭，也不吃自己的剩饭"。焦菊隐艺术创作成功的关键，就在于他把现实主义的艺术思想和探索民族化的创新实验，不断地、紧密地、有机地结合在了一起，从而形成了独特而多样化的风格。他对盲目崇拜和照搬外国艺术经验和表现手法很不赞成，说那是"自己捧着金饭碗讨饭吃"。

## □心灵物语

　　这是一种惊人的毅力！这种毅力带给焦菊隐的是极其丰富的知识积累和坚实的艺术功底。这种对艺术持之以恒的追求精神是需要我们去继承和发展的。

## □史海钩沉

### 国立戏剧专科学校历史沿革

　　国立戏剧专科学校原名国立戏剧学校，又称南京国立戏剧专科学校，是我国第一所戏剧专科学校。1935年秋创建于南京，直属国民党宣传部，是中国当时学习戏剧的最高学府。

　　国立戏剧专科学校所聘教授皆为戏剧界有名望的专家，有应云卫、马

彦祥、陈白尘、陈治策、曹禺、杨村彬、黄左临等。抗日战争爆发后，该校疏散至长沙，后转迁重庆，于1938年底迁往四川省江安县城，并于1940年夏奉命改为"国立戏剧专科学校"，隶属国民政府教育部高等教育司。在江安县城办校六年后，该校于1945年夏复迁重庆，抗战胜利后，学校迁回南京原址复课。1949年后，剧专与原华北大学艺校、东北鲁艺学院合并组成中央戏剧学院。著名导演谢晋1947年在此攻读导演专业。

■ 文苑荟萃

## 电影《龙须沟》

《龙须沟》是一曲社会主义新中国的颂歌，编导冼群，根据老舍的同名话剧改编。它以主人公程疯子在旧社会由艺人变成"疯子"，中华人民共和国成立后又从"疯子"变为艺人的故事，反映了中华人民共和国成立后后的不同命运以及他们对党对政府的拥护和热爱。

该剧描写了北京一个小杂院四户人家在社会变革中的不同遭遇，表现了新旧时代两重天的巨大变化。剧中塑造了程疯子、王大妈、娘子、丁四嫂等各具特色的人物形象。

《龙须沟》中的程疯子是塑造得最成功的艺术形象。一个出色的曲艺艺人在黑暗势力压迫下失业，由此过着忍辱负重的非人生活，精神和肉体饱受摧残。他正直、善良、懦弱，不甘屈辱又无力反抗……他无奈地成为"疯子"，而如此"疯"状，正淋漓尽致地折射出其内心的痛苦和对黑暗社会的痛恨。解放了，伤好了，终于昂首挺胸了，他也就不再"疯"了。主题由此而得以深化。

# 邓亚萍苦练成冠军

邓亚萍（1973—），河南郑州人，前国家队乒乓球运动员。1983年入河南省队，1988年被选入国家队，1997年退役后进修个人学业。其运动生涯中，获得过18个世界冠军，连续两届四次奥运会冠军。邓亚萍是第一个蝉联奥运会乒乓球金牌的球手，曾获得四枚奥运金牌，被誉为"乒乓皇后"。2001年北京申奥团成员之一，北京申奥形象大使。2009年4月16日，就任共青团北京市委副书记。

邓亚萍先后22次登上世界大赛的冠军宝座，并连续八年被世界乒联评为"世界第一号优秀女选手"，是世界乒坛获得金牌最多的运动员。

邓亚萍出生于郑州市一个普通的家庭，她的童年是在乒乓球台前度过的。父亲邓大松曾是河南省乒乓球队选手，经常骑车带小亚萍到郑州西郊文化宫打球。流星般飞舞的银色小球，编织了小亚萍童年的梦。

邓亚萍灵性十足，她反应敏捷，动作协调，爆发力好，步法灵活，特别是有一股不服输的拼命劲头，而且练球最认真、最刻苦。开始，邓亚萍直握球拍，父亲见她人矮臂短，就让她改为横握拍。她的特制横握球拍正面贴反胶，加强旋转；反面贴生胶，能打出各种怪球。两年多的时间里，爸爸教她练正手攻。两年后，才补练反手及其他技术。由于她是学正手攻出身，所以在实战中，她总是攻字当头，以攻为主，一攻到底。久而久之，形成了她自己的风格：无处不攻，既快又狠。小亚萍刻苦勤奋，比别人多流了几倍的汗水，技艺进步很快。邓亚萍9岁时，当教练的爸爸已经不是她的对手了。

在爸爸的推荐下，邓亚萍进了河南省队集训。几个月下来，邓亚萍在集训队新队员中技压群芳，所向披靡。然而，集训结束时，其他新队员都留在了省队，唯独球技超群的邓亚萍被拒之门外，原因是"个子太矮，没有发展前途"。

邓大松深信女儿是打球的材料，他找到好友、郑州市乒乓球队教练李凤朝。李凤朝了解邓亚萍，也理解老朋友的良苦用心，决定收下这个虽然个子矮，但其他条件都十分优秀的小队员。在郑州队8个女队员中，邓亚萍年龄最小、个头最矮，球艺也不如大姐姐们，每周一次的队内比赛她总排在第七、第八的位置上。每次输球，她都悄悄落泪，但哭完之后，还是会继续苦练球技。

李凤朝执教以"严"著称。每天晨练，他亲自率队出操。3000米跑，李教练掐表算时间，超过规定时间就得重跑。邓亚萍个小腿短，开始时即使拼命追，也达不到规定要求。李教练面无表情，手一挥，重跑。别人跑一圈，她就得跑两圈，甚至三圈，直跑得眼冒金星，两腿抽筋，但她毫无怨言。

省队集训落选，激起了邓亚萍的斗志。她珍惜李凤朝教练给她的机会，决心卧薪尝胆，吃别人吃不了的苦。因为个子矮，就更要用灵活迅捷的跑动弥补不足，就要有超出一般运动员的体力。她咬着牙，憋着劲，坚持不懈，终于达到了规定的时间。但她并不满足，而是给自己加码，穿沙衣跑，她要练出一双飞毛腿。李凤朝看着这个小姑娘笑了。

俗话说勤能补拙，要打到省队、国家队，邓亚萍只有一条路：苦练不止。每天上午三个小时的球，无论正手、反手，近台、远台，实击、弧圈，每个动作都要重复上千次。她一遍又一遍一丝不苟地去完成，汗水湿透了运动衣，浸湿了脚下的地面。下午又是两个半小时的多球训练，要不停地连续打完14筐3000多个球。对这种强化训练，她已习以为常，与众不同的是她腿上绑着两只沙袋，身上穿着沙衣，在球台前奔跑、挥拍、救球。训练结束，邓亚萍常常累得躺在地板上，歇好长一会儿才能起来，拖着蹒跚的步子走回宿舍。晚上，别人休息了，她又来到训练馆……

功夫不负有心人。一年后，刚满10岁的邓亚萍球艺突飞猛进，超过了所有曾经赢过她的大姐姐们，排在全队第一名。随后在8月份全国少年乒乓球赛上，她以凌厉的正手抽杀和反手怪球令对手纷纷落马，赢得了团体和单打两块金牌，引起了乒乓球界的重视。她用超人的毅力和勤奋弥补了自身条件的不足。

邓亚萍最爱听的乐曲是贝多芬的《命运》交响曲，那是因为她的生活就是与命运抗争的过程；邓亚萍最爱唱的歌曲是《我的未来不是梦》，因为这首歌不仅唱出了她对未来的憧憬，也唱出了她难以忘怀的乒坛生涯。

经过四年的艰苦磨炼，省乒乓球队曾对她关闭的大门敞开了。1986年4月，13岁的邓亚萍代表河南队参加全国乒协杯大赛。这是国内每年两大赛事之一，高手云集，名将如林。河南队一路过关斩将杀入八强，四分之一决赛时碰上了八一队。邓亚萍首战遭遇世界冠军戴丽丽，这是她第一次与世界冠军同台较量。她以2∶0的总比分干脆漂亮地战胜了对手，爆出乒协杯赛最大的新闻。当队友们祝贺她时，她微笑着没有说什么，但心中升腾起强烈的愿望，不仅要战胜世界冠军，而且要当名副其实的世界冠军。尽管这条路还很漫长，但此时的邓亚萍似乎已经知道，她的"未来不是梦"。

□心灵物语

"毅力是成功的基石"。邓亚萍从一名普普通通的"矮个子"队员，凭借自己的拼搏和毅力，闯出一条辉煌的乒乓之路。面对"致命的打击"，邓亚萍没有放弃，而是以坚忍的毅力不断拼搏，终于为自己赢得了成功。我们在日常生活和学习中，也要以邓亚萍的这种"乒乓精神"为动力，为自己的理想不断奋斗。

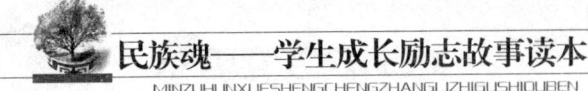

■史海钩沉

## 邓亚萍苦读

1998年2月，邓亚萍前往英国剑桥大学读书，在剑桥大学的语言学校开始学习英语。短短三个月的时间，邓亚萍坚持每天8点多从自己的住所赶往学校上课。下午3点半下课后，她还到学院的学习中心去学习，听磁带，练口语，直到晚上8点学习中心关门后才赶回住所。

回到住所，邓亚萍也从不浪费时间。她坚持和房东用英语交流，坚持按时完成作业和预习功课。获得硕士学位后，邓亚萍又继续在剑桥大学攻读博士学位。

■文苑荟萃

## 邓亚萍与萨马兰奇的忘年交

萨马兰奇非常欣赏邓亚萍，在世界体坛传为佳话。曾经在亚特兰大奥运会上，专门安排为邓亚萍颁奖的这位西班牙老人颁奖后，又拍拍邓亚萍的脸，这一画面将这种欣赏永远定格。

国际奥委会终身名誉主席萨马兰奇还为邓亚萍出版的英文书《从小脚女人到奥运会冠军》亲自作序。他在序中说，邓亚萍这几年的学习找到了打开世界大门的钥匙。

2009年，已离开国际奥委会主席岗位的萨马兰奇再次来华访问时，邓亚萍以北京奥组委官员的身份热情接待了这位对中国非常友好的老人。

邓亚萍回忆说："萨马兰奇主席第一次看我打球，是在1991年第四十一届世界乒乓球锦标赛时。当时我夺得了女单冠军，可能是自己打球的风格给了萨马兰奇很深的印象吧，当我取得冠军后他给我颁了奖。"

不过，邓亚萍说，萨马兰奇更是把她当作是中国运动员的代表而喜欢的。因为萨马兰奇非常喜欢中国，对中国运动员的运动水平和人格品质也非常欣赏。

# 第二篇
## 有毅力百折不挠

# 徐霞客跋山涉水求真知

徐霞客（1587—1641年），名弘祖，字振之，号霞客，明南直隶江阴（今江苏江阴市）人。伟大的地理学家和旅行家以及探险家。崇祯十年（1637年）正月十九日由赣入湘，从攸县进入今衡东县境，历时55天，先后游历了今衡阳市所辖的衡东、衡山、南岳、衡阳、衡南、常宁、祁东、耒阳各县（市）区，三进衡州府，饱览了衡州境内的秀美山水和人文大观，留下了描述衡州山川形胜、风土人情的1.5万余字的衡游日记。他对石鼓山和石鼓书院的详尽记述，为后人修复石鼓书院提供了珍贵的史料。

少年徐霞客很喜欢看历史、地理和游记一类的书籍。他常想，书中描绘的风土人情、山川风貌真是太有意思了，要是能亲自去感受一番，该有多好呀！

徐霞客在22岁那年，终于背上行囊，告别家人，踏上了他的理想之旅。一路上，他不畏艰险，冒着寒暑，游历了泰山、天台山、雁荡山、武夷山、嵩山、五台山、珞珈山……到过大渡河、金沙江、澜沧江、星宿海等地，真可谓"饱尝山河美，收尽天下奇"。他游览了一些地方之后，发现有的景象与书上所记并不一样，于是他打算写下自己的亲身经历，作为以往地理著作的补充。这一想法，激励他以考察山川大地为己任，从此在外奔波了30多年。

　　徐霞客长年累月，不分寒暑，跋涉在荒山野岭中。他不仅接受了大自然的考验，而且还时时面对人为的困难。在旅途中，他曾多次遇到强盗抢劫，常常断水断粮，但是，这些困难都没有动摇徐霞客的坚强意志和执着信念，他仍然不畏艰难地完成了一次又一次的旅行。

　　有一次，徐霞客的盘缠用完了，他接连几天只能用野果充饥，终于体力不支晕倒在山路上，幸亏一个樵夫发现了他。樵夫好心地劝他回家，他却坚决地说道："来的路上，我曾遇到虎狼，尽管它们凶残，但并没有吓退我。现在，我更不会后退了。"看徐霞客面黄肌瘦，疲惫不堪，樵夫担心地说："如果先生继续上路的话，恐怕还没到罗浮山就……""这我已经想过了。既然出来探险，就已做好了最坏的打算，什么地方不能埋我这一把骨头？"

　　樵夫被徐霞客坚毅的精神深深打动了，他主动帮助徐霞客在村里筹措盘缠。终于，徐霞客又踏上了旅途。

　　旅途上的艰险并没有吓退徐霞客，同样的，在探寻真知的过程中，他也没有被鬼邪所吓倒。勇往直前的信念让他登山必登最高之巅，下洞必到最深之地。在湖南茶陵，徐霞客想考察麻叶洞，当地乡民知道后，说洞里有神龙、精怪，进去就出不来了，劝他不要去。徐霞客则毫不畏惧，拿着火把，从容入洞。在洞中，他不仅没有遇到精怪，反而发现这是一个钟乳石洞，里面的岩石五光十色，美不胜收。

　　就这样，徐霞客凭着自己的勇敢和坚毅，将自己的一生无私地奉献给了地理科学。

### 心灵物语

　　徐霞客为了了解名川大山，面对各种困难毫不畏惧，无论艰难险阻，都一往直前。这体现了徐霞客不仅拥有超凡脱俗的精神追求，还有坚忍不拔的毅力。而这种精神和毅力，正是事业成功的关键所在。

■ 史海钩沉

### 徐霞客对石灰岩的勘查世界领先

在徐霞客对地理学的一系列贡献中,最突出的是他对石灰岩地貌的考察。

徐霞客是我国,也是世界上最早对石灰岩地貌进行系统考察的地理学家。欧洲人最早对石灰岩地貌进行广泛考察和描述的是爱士培尔,时间是1774年;最早对石灰岩地貌进行系统分类的是罗曼,时间是1858年,比徐霞客晚了一二百年。

■ 文苑荟萃

### 《徐霞客游记》

《徐霞客游记》是以日记体为主的中国地理名著。明末徐弘祖经30多年旅行,写有天台山、雁荡山、黄山、庐山等名山游记17篇和《浙游日记》《江右游日记》《楚游日记》《粤西游日记》《黔游日记》《滇游日记》等著作,除佚散文稿外,遗有60余万字游记资料。死后由他人整理成《徐霞客游记》。《徐霞客游记》世传本有10卷、12卷、20卷等数种。主要是记述作者1613—1639年间旅行观察所得,对地理、水文、地质、植物等现象,均作详细记录,在地理学和文学上卓有成就。

 # 宋濂坚忍求学终有成

> 宋濂（1310—1381年），字景濂，号潜溪，别号玄真子、玄真道士、玄真遁叟。谥号文宪，潜溪（今浙江义乌）人。明朝开国元勋之一，元末明初文学家。他家境贫寒，但自幼好学，曾受业于元末古文大家吴莱、柳贯、黄溍等。他一生刻苦学习，"自少至老，未尝一日去书卷，于学无所不通"。

宋濂是元末明初著名的学者。

从小时候起，宋濂就非常喜欢读书学习，钻研学问。但是他家里很穷，上不起学，连书都买不起，只好向有书的人借书读。当地有一个叫郑义门的人，家里藏书非常丰富，他也很关心宋濂的学习，常常把书借给他读。宋濂学习十分刻苦，在学习条件相当困难的情况下，还是阅读了大量书籍。当他遇到好书的时候，爱不释手，可书是借别人的，不能不还，于是他就夜以继日地把书抄写下来。冬天，天气很冷，外面滴水成冰，室内也非常冷，连砚台都结了冰，手指也冻得几乎拿不住笔了，但他仍然坚持抄书。抄完之后，及时把书还回去，从来没有耽误过还书的日期。就因为他诚实守信用而且毅力坚忍，不少人都信得过他，为他的这种坚忍的精神所感动，愿意把书借给他读。

到了成年，当地能读到的书宋濂都读遍了，可是他求学的要求更加迫切了。他常常到百里以外的地方去寻师求学，有时还要背着行李，赶不回去，就随便找个地方住下来，忍饥挨冻也不灰心。有一次，他和一位名师约定上门求学，正好碰上下大雪的天气。上路之后，雪越下越大，路上的积雪几尺深，但他为了不失约，顾不得冻坏双脚，还是步行赶了过去。到了客栈，四肢都冻僵了。好心的店主人很受感动，给他热水喝，又给他盖上被子，他才渐渐暖和过来。

宋濂求教的老先生，都是很有名望的学者，他从不放过求学的机会。他在外地学习，有时寄居在客店里，生活很艰苦，为了节省费用，一天只吃两顿饭，衣服补了又补，很破旧。但他以求知为快乐，别的什么都不在意。就这样，经过数十年如一日的刻苦求学，宋濂终于成为有名的学者。

### ▉心灵物语

宋濂家境贫寒，但为了充实自己的知识而借书阅读，坚忍求学之心不因恶劣的环境而改变，几十年如一日地苦读钻研，令人钦佩！

### ▉史海钩沉

#### 朱元璋屠杀功臣

1370年，朱元璋赐刘基先生归老于乡，要把他赶回老家。刘基先生想滞留京师不归。1375年被朱元璋强行送归故里，不久中毒死去，时年65岁。

1380年，胡惟庸案起，宋濂的孙子宋慎因事牵连，被朱元璋处死，牵连宋濂次子，宋濂也命如悬丝，幸得皇后及皇太子力救，免死，被流放四川茂州。1381年至夔州，自缢而死，年73岁。

如果把朱元璋所杀的功臣统计一下，会得到一份骇人听闻的死亡名单。

被朱元璋杀害的功臣还有吉安侯陆仲亨、平凉侯费聚、河南侯陆聚、宜春侯黄彬、荥阳侯郑遇春、延安侯唐胜宗、宣德侯金朝兴、靖宁侯叶升、济宁侯顾敬、菅阳侯杨通、淮安侯华中、临江侯陈镛、申国公邓镇、大将李伯升和丁玉、吏部尚书詹徽、御史大夫陈宁、大将廖永忠、丞相杨宪、中书省左司都事张昶、礼部侍郎朱同和张衡、户部尚书赵勉和茹太素、吏部尚书余煼等。

## □文苑荟萃

### 晓　行

宋　濂

荒鸡一再号，驱车事晨征。

寥寥秋风肃，况此华日明。

万顷琉璃中，着吾一身行。

肝胆尽冰雪，毛发亦含情。

超然鸿蒙初，顿觉百虑冥。

安得王子乔，为言此时情。

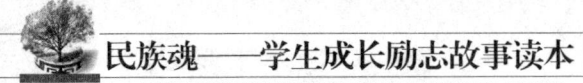
 # 璀璨的"谷超豪星"

谷超豪(1926—2012年),浙江温州人,著名数学家,复旦大学教授,中国科学院院士。1948年毕业于浙江大学数学系,1953年起在复旦大学任教,1957年赴莫斯科大学进修,获博士学位。历任复旦大学副校长、中国科技大学校长。2010年1月11日,谷超豪院士获得2009年度国家最高科学技术奖。

进入耄耋之年,谷超豪先生收获了多项桂冠,每一项都代表着对一个人一生成就的至高肯定:2001年,被评为上海市"科技功臣";2008年,被评为上海市"教育功臣";2009年,一颗小行星被命名为"谷超豪星";2010年1月11日,获国家科技最高奖……

但若问什么是他最珍视的,谷超豪的回答恐怕仍是多年不变的"研究数学"。获悉自己获得国家科技最高奖的时候,有人询问他有何感想,84岁的谷超豪说:"我希望再做一些事情。"声音不响,语气坚定。

对普通人来说,数学抽象而深奥,繁杂而死板,但在谷超豪这样的数学家眼里,数学研究却是趣味无穷、诗意盎然的——"你钻研进去会发现,数学有种惊人的吸引力"。对他来说,数学绝不只是一种学术,更是解决人类生活各种实际问题的基础,是对世间规律的精确刻画与极简表达。

从在浙江大学数学系遇上著名数学家苏步青先生时起,谷超豪便逐步领会了数学的真谛,越来越"享受"数学研究那种在错综复杂条件中苦心孤诣地思考和计算、至灵感闪现让难题迎刃而解的过程，那份在"山重水复"之后到达"柳暗花明"境界的喜悦。

谷超豪的成名论文就是这样得来的。苏步青先生在一次课上提到，在"一般空间微分几何"中，有关"K展空间"的子空间理论尚未建立。不服输的谷超豪在随后的日子里冥思苦想却不得其门而入，直到有一天夜里入睡后，忽然被灵感唤醒，想到一个新的方法，再经过连续几天的复杂计算，终获成功。在苏步青先生指导下，论文发表了。1956年，苏联数学评论杂志创刊号刊载了长篇评论，系统介绍了谷超豪研究"K展空间"的新方法。

迷恋解决问题的过程，使得谷超豪从来没有停留在已有的成就上，不被功名所诱和束缚，始终保持着创新的姿态。正在他因微分几何方面的成就引人注目时，他又看到了空间技术的发展对数学提出的新要求。

1958年，苏联人造卫星上天，正在莫斯科留学的谷超豪决定开垦偏微分方程这块国内数学领域的薄弱园地。他从听力学院士的本科生课程开始学习，加上大量阅读资料，发现了众多有趣而艰难的数学问题。回国后以机翼的超音速绕流问题为突破口，对空气动力学的基础问题作数学证明。在他带出的李大潜等优秀学生沿着老师指点的方向继续研究时，谷超豪再一次掉头，转向钝头物体超音速绕流的研究，并用最落后的电子计算机算出了导弹设计中很有意义的数据。

20世纪70年代，谷超豪在与诺贝尔奖获得者杨振宁合作研究中获得了多项很有意义的成果，杨振宁称赞他是"站在高山上往下看，看到了全局"。著名的物理学杂志《物理学报告》为此出了一本专辑，还破天荒地加上一页中文摘要。通过研究，谷超豪从物理学中提炼出的"波映照"问题，引发了一批国际上的后续研究。

到80年代后期，花甲之年的谷超豪又对偏微分方程另一前沿领域"孤立子与可积系统"发起进攻，取得了一系列富有创造性的成果，担任了首届国家攀登计划项目《非线性科学》的首席科学家。在担任中国科大校长的五年间，繁重的管理工作也没能使他放弃钻研数学的努力，他利用一切坐车、乘飞机的间隙不断研究。

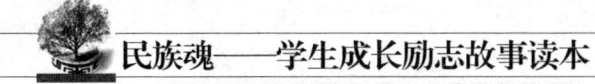

　　年轻时喜欢爬山的谷超豪曾做过一首诗，描写的正是自己不断寻找和征服数学高峰、领略不同风景的心情："上得山丘好，欢乐含苦辛，请勿歌仰止，雄峰正相迎。"另一首诗中，他则快乐自得于自己的好学不倦："谁云花甲是老人，孜孜学数犹童心。"

　　50多年来，谷超豪在微分几何、偏微分方程和数学物理三个领域做出了重要贡献。他在国内外发表了120多篇数学论文，并应邀在美国、墨西哥、德国、法国、意大利、日本、英国、苏联、保加利亚等国举行的十多次国际会议上作大会报告；他曾担任第二届国际"双微"会议、第六届国际"双微"会议和非线性物理会议的组织委员会主席以及多种会议论文集主编。他总结了规范场的研究成果，写成专著《经典规范场理论》。世界著名的《物理学报告》（北荷兰出版社）用整整一期的篇幅刊载了这一专著。使谷超豪感到兴奋的是，在英文全文之前，还刊印了一份中文摘要，这是他第一次见到外国科学期刊上的祖国文字。

　　他撰写、编写的专著与教材还有《齐性空间微分几何》《孤立子理论与应用》《数学物理方程》等。1978年，他的《规范场的数学结构》获得全国科学大会的嘉奖。1982年，以谷超豪为首的偏微分方程和规范场这两个研究项目分别获得国家自然科学二等奖和三等奖。鉴于谷超豪在数学方面的贡献，1980年，他被选为中国科学院学部委员（现称院士）。他的夫人也于1991年当选为中国科学院院士，成为中国科学院数学方面唯一的女院士。1985年和1986年，以他为首的研究项目《调和映照与规范场》《混合型偏微分方程及其应用》又分别获原国家教委科学技术进步奖一等奖。1995年，他获得第二届华罗庚数学奖和何梁何利基金奖。1996年，他又获得了柏宁顿"孺子牛"杰出奖。1992年，他应邀参加法国科学院的院士大会，法国院士肖盖称赞他具有"独特、高雅、深入、多变的风格"，是"一位向难题进攻并解决难题的偏微分方程专家"。

　　谷超豪不仅以他卓著的科研成就饮誉国内外，还悉心培养指导青年，造就了一支教学科研梯队，其中有一位中国科学院院士和好几位博士生指导教师及一批博士。他还做了大量的行政工作和社会工作，曾担任复旦大学副校长、研究生院院长、中国科技大学校长等职务。在担任中国科技大学校长的五年多时间里，他为这所名扬中外的高等学府的稳定和发展做出了巨大的努力，学校的各项建设都取得了很大的进展。他还担任过中国数学会副理事长、上海数学会理事长、中国民主同盟杭州市委委员等职，是国家重大基础研究项目（攀登计划）"非线性科学"的首席科学家。此外，他还是第三、六和七届人大代表，第五、八届全国政协委员，第八届政协常委。

他作过一首咏太阳花的诗：

偏怜人间酷暑中，朝朝新蕾化新丛。

笑倾骄阳不零落，抚育精英毋闲空。

这正是他一生艰苦奋斗、不断创新的风格与情怀的写照。

## ■心灵物语

谷超豪的每项名誉和成就，都倾注了难以想象的辛勤汗水和执着毅力。谷超豪的成就告诉我们：无论是一帆风顺还是曲折坎坷，脚踏实地的态度和攀登高峰的毅力是必不可少的。

## ■史海钩沉

### 谷超豪的治学精神

谷超豪治学的特点是能够迅速进入新的领域，抓住重要问题，并在其中做出创造性的新成就。他的主要兴趣在于纯粹数学和流体力学、理论物理的结合点上，他认为数学家如能和其他领域的科学家有共同语言，那将得益无穷。他也坚信，优秀的数学成果早晚会对其他科学产生重大影响。对于数学直接为经济建设服务的课题，他非常重视。他不但鼓励其他人努力对此作出贡献，而且他也尽可能亲自参与，以他敏锐的洞察力和数学修养为解决问题提供有效的途径。

# 科普开拓者高士其

高士其（1905—1988年），福建福州人。中国共产党党员，原名高仕鎮。1925年毕业于清华大学，1927年获美国芝加哥大学化学学士学位。1930年毕业于美国芝加哥大学医学研究院。1931年回国，历任中央医院检验科主任，桂林盟军服务处技术顾问、食品研究所所长，《自然科学》副主编，一级研究员。全国第一、二、三、四、五届人大代表，中国科协顾问、常委，中国科普作家协会名誉会长，全国文联委员，中国作家协会理事，中国人民保护儿童全国委员会委员。1934年开始发表作品。1952年加入中国作家协会。

　　高士其是我国科普事业的主要开拓者。他将深邃、严谨的科学和浪漫、极富变化的文化结合在一起，写出了人们喜闻乐见的科普小品。

　　高士其毕业于清华大学，后赴美国留学，毕业后他留在芝加哥医学研究所深造。1928年的一天，他正在细菌实验室做实验，一个装着甲型脑炎病毒的试管破裂，病毒顺着耳膜侵入他的脑部，几天后脑炎症发作，严重损害了他的神经。不久，他瘫痪了，头向左歪，语言含混，双眼发直，生活不能自理。

　　但是高士其没有被生理上的痛苦和心灵上的创伤所击倒。他在逆境中自强不息，坚持学习，最终获得了医学博士学位。1930年，他怀着振兴祖国科学事业的满腔热情回到了祖国。

　　1935年，高士其开始科普小品的创作。他尝试着写了一篇《细菌的衣食住行》，发表在李公朴等人主编的《读书生活》杂志上。没想到这篇科普小品掀起了不小的波澜，深受读者的欢迎。从此，高士其将全部精力投入到科普小品的创作中。

高士其以轻松愉快的笔调、通俗易懂的文风，把细菌学和卫生学的知识介绍给广大群众，使群众在有趣的故事中掌握了许多科学卫生知识。他的创作灵感犹如源源不断的清泉，自然地溢入人们的心田，浇开了无数朵科学普及的鲜花。

然而，病魔并没有因为高士其的勤奋就停止脚步，侵入他体内的病菌再一次向他发起进攻，来势汹汹。他的手颤抖得更加厉害，写字已经非常困难。但他仍以顽强的毅力，使出全身的力气握紧笔杆，笔耕不辍。

从1935年到1937年抗日战争爆发前夕，他在两年多的时间里发表了100多篇科普小品和科学论文。高士其还怀有一颗报国之心。1937年抗日战争时期，高士其冲破重重阻力，到达革命圣地延安。毛泽东接见了他，称他是"中国的红色科学家"。两年后，他又光荣地加入了中国共产党。与此同时，他的病情又继续恶化，说话和行动已十分困难。当时延安地区缺医少药，他被送往国民党统治区治病。治病期间，他坚持进行科普小品的创作。他口述，让别人笔录。

建国初期，高士其为了提高广大人民群众的科学文化水平，不顾疾病的折磨，全身心地投入到科学普及工作之中。从1949至1965年，他创作了大约60万字的科学小品和科普论文，写下了2000多行科学诗。他撰写出版的科普作品已达到20多部。

高士其写的科普小品涉及领域广阔，从电子到宇宙，从微生物到人类，从火到核能，从石器到自动化，可以说是无所不包。为了写好科普小品和科普著作，他阅读了大量的科学著作。由于疾病，他不能摘抄资料，他就硬生生将有关资料牢牢地记住。他写的科学诗风格独特，深受读者喜爱。人们都称赞他是传奇式的残疾人科普作家。

□心灵物语

当我们抱怨命运不公的时候，我们完全可以从身残志坚的前辈们中汲取动力。看看他们，再回过头来看看自己，那满腔的奋斗精神势必会呼之欲出。

■史海钩沉

## 专心听讲

高士其小时候听课很认真。

有一天,他的同桌嘟着嘴,冲着高士其说:"你到底认识我吗?"

高士其觉得很奇怪,说:"咱俩是好朋友呀,怎么会不认识你呢?"

这个小朋友气呼呼地说:"那你刚才上课的时候,为啥不理睬我呢?"

高士其一听,笑了起来。原来,刚才上课的时候,这个小朋友拿纸折出一只只小青蛙,悄悄地玩了一阵子。玩着玩着,觉得一个人玩没有劲,就凑到高士其的耳朵边,轻轻地说:"我们来玩斗青蛙吧!"

高士其坐得端端正正,正用心听老师讲课,这个小朋友的话,他根本没有听见。这个小朋友又轻轻地碰了碰高士其,高士其还是坐得好好地在听课。这个小朋友心里挺不高兴,使劲拉了拉高士其的衣服,高士其终于回过头来,那个小朋友指指膝盖上的两只纸折的青蛙。高士其明白了,是叫他一起玩斗青蛙呀,他白了那个小朋友一眼,又用心地听老师讲课了。

高士其想到这里,笑起来了,他对那个小朋友说:"下课的时候,咱俩一起玩,是好朋友,可是上课的时候,我就不认识你了。"

高士其的话,说得这个小朋友也笑了。

■文苑荟萃

## 科学小品文

科学小品文又称知识小品或文艺性说明文。该类文章用小品文的笔调,即借助某些文学写作手法,将科学内容生动、形象地表达出来。科学小品短小精悍、通俗易懂,语言丰富多彩,形式生动活泼。目前,科学小品文已成为人们喜闻乐见的写作与阅读文体。

 # 他们在寻找党妈妈

> 张开泰（1905—1978年），三亚市林旺镇风塘村人。1926年加入中国共产党，藤桥起义的组织者和指挥者之一，仲田岭革命根据地的创建者，陵崖县委主要负责人，海南狱中斗争的领导人，海南抗日独立纵队第三支队长、政委，崖保乐边区办事处主任。在20多年的枪林弹雨中，身中11枪。1978年9月17日在海口市"红军院"与世长辞。

1932年8月，敌人向海南琼崖各革命根据地发动了疯狂进攻。在反"围剿"作战中，红军独立师主力遭受严重损失，琼崖革命事业陷入了十分艰难的困境。

仲田岭苏区的30多名红军战士、地方党政同志，历尽艰难险阻，突破敌人的重重封锁线，跋涉100多公里，到达莺歌海地区。遵照陵崖县委的决定，于1933年11月成立了琼崖工农红军崖西第五连，由陈文光任连长，陈世德任副连长，林鸿蛟（林豪）任指导员，在莺歌海一带坚持斗争。

双手沾满了共产党人鲜血的崖县反动县长王鸣亚得知他们在莺歌海地区活动后，又率领部队气势汹汹地扑来。工农红军从红军反"围剿"失败中吸取了血的教训，在敌人占有绝对优势的情况下，不能把部队拼光拼完。为了保存这支弱小的队伍，他们决定化整为零，分散到各地去，待机再重整旗鼓。

于是，大约有一个排的人马回到六弓、仲田一带，还有一些同志暂时回家去当农民或渔民。张开泰、林鸿蛟和林诗耀则带领十多人由林克泽带路，到感恩新村坳潜伏下来。

他们到达新村坳后，通过林克泽的亲戚打听到有一家人正在卖荒芜了的盐田，林诗耀便设法借了25块大洋，买来水车和晒盐的工具，租下盐田，干起晒盐的营生。在盐田不远处有一座破庙，他们便以破庙为家，把带来的枪支弹药涂上牛油，用布片、麻袋等包好，埋在盐田附近的高坡上。只留下两支驳壳枪，以防不测。

虽然有了落脚的地方，但晒盐的生活是很苦的。那时经济萧条，盐价很低，晒盐所得的钱实在难以糊口，一个月难得吃上一顿米饭，顿顿用盐巴送番薯稀饭。好在他们还能靠海吃海，隔三岔五去赶海，抓些狗母鱼、小螃蟹来改善生活。当时，尽管革命处于低潮，到处是白色恐怖，但同志们心中时刻惦记着党，坚信黑暗过去就会出现曙光，共产党和红军是消灭不了的。同志们自己动手制笛子、二胡，空闲时就吹拉起来，唱琼剧小调，给艰苦的生活带来了不少乐趣。

为了找到党组织，他们一次又一次地派人到各地去。感恩、昌江一带盛产瓜子，林诗耀和张开泰曾先后以做瓜子生意为掩护，到新街、四更一带去打听，但始终没有得到党组织的消息。

烈火炼真金。在艰难的考验中，有的人意志更加坚强，也有个别人动摇了。有一天，林诗耀和张开泰到新街去找党组织，二排长陈天贵和一个班长串通一气，偷走他们藏在破庙屋顶上的两支驳壳枪出逃了。林诗耀和张开泰回来后，立刻和林豪、林克泽等人一起研究防范措施，认为不能再待在新村坳搞盐田了，必须立即分散隐蔽。于是决定部分同志重回六弓，另一部分同志则到感恩各地去自寻生计，林诗耀和张开泰北上琼山、海口找党组织。

他们北上是沿着海岸线走的。为了避开敌人的封锁线，他们尽量选择那些最难走、最隐蔽的小路，而且经常是夜晚或雨天行人少的时候赶路。一路上，他们东躲西藏，随机应变，蒙混过了警察、暗探的多次盘问，历尽千辛万苦，到达海口市。然后，又秘密地潜回林诗耀的家乡。

林诗耀的家乡在大革命时期是红色区域，有不少人参加了革命。林诗耀和张开泰觉得在这里找党组织兴许有希望。但是，在白色恐怖下，这里的危险性更大。为了防止被敌人认出，他俩不敢露面，只能让家人亲友代为四处打听。那时候，党的活动早已转入地下，他们找了近一个月，还是没有音讯。没有办法，张开泰只好返回感恩向大家报告情况，林诗耀则以南洋客人的身份公开露面寻找。找了一段时间，还是找不到。林诗耀不死心，又经亲戚介绍，到海口二庙小学去当教师，以教书作掩护继续寻找。后来，他打听到，吴必兴、陈瑞敏等党员在雷州半岛的徐闻一带，他们是在1927年大屠杀时逃亡到那里的。便又怀着一线希望渡海去寻访。可惜经历了无数艰险之后，还是失望而归。

一次又一次地寻找，一次又一次地失望，但他们始终没有心灰意冷，始终坚信：琼崖党组织一定还在坚持斗争，自己一定会回到党的怀抱。

后来，和党组织接上关系的林克泽带给林诗耀一封特委的信件。他捧着特委的信，热泪盈眶，许久说不出一句话来。回到了母亲的怀抱，他们什么都不怕了！他们满怀信心地去迎接新的战斗。

### □心灵物语

我们都深深地被党的优秀儿女的这种百折不挠的精神所震撼。在他们寻找党组织的过程中，展现的是百折不回的决心和坚忍不拔的毅力。

### □史海钩沉

#### 琼崖抗日根据地

1938年12月初，长期战斗在海南岛的琼崖红军游击队改编为广东省民众抗日自卫团第十四区独立队。1939年5月，独立队扩编为琼崖人民抗

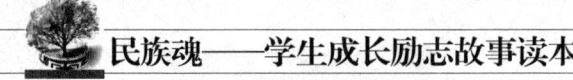

日自卫团独立总队，队伍扩大到千人，琼（山）文（昌）抗日游击根据地逐步建立。

到1940年底，建立了琼（山）文（昌）平原根据地、美合山区抗日根据地和六连岭等小块游击根据地。1940年10月，海南成立了第一个抗日民主政权——文昌县抗日民主政府。1941年5月后，先后建立了琼山、琼东等县级政权。11月10日，琼崖东北区抗日民主政府成立。

1944年初，琼崖特委成立黎苗民族工作委员会。1945年7、8月，根据地从最初的仅限于东北部的琼（山）文（昌）区和澄迈地区，扩大到全岛的16个县境。琼崖纵队从当年改编时的300人发展到7700余人，在6年多的艰苦斗争中，共作战2000余次，击毙日、伪军3500余人。

■文苑荟萃

## 仲田岭

在海南省陵水县、保亭县的交界处，有一条连绵起伏名叫甘什岭的山脉，面积100多平方千米，平均海拔400米，最高也不过800米。仲田岭位于甘什岭山脉的正东面，在三亚市海棠湾镇境内。登高远眺，可以见到6千米之外的海棠湾。仲田岭两峰如门，周围有大小不一的百余座山头。山峦起伏，森林蔽日。山腹中夹有多个山沟，有三条细流，汇合于山前，融成山塘，今已建成仲田水库。甘什岭山不算高，却是当年开展游击战的好地方，被誉为"小小井冈山"。

巍然矗立于山前的仲田烈士纪念碑，远看似一把火炬，寓意"星火燎原"，见证着三亚海棠湾人民在中国共产党领导下走向胜利的历史。

# 孔子好古敏求成大家

> 　　孔丘（前551—前479年），字仲尼，春秋时期鲁国人。孔子是我国古代伟大的思想家和教育家，儒家学派创始人，世界最著名的文化名人之一。编撰了我国第一部编年体史书《春秋》。据有关记载，孔子出生于鲁国陬邑昌平乡（今山东省曲阜市东南的南辛镇鲁源村）。孔子逝世时73岁，葬于曲阜城北泗水之上，即今日孔林所在地。孔子的言行思想主要载于语录体散文集《论语》及《史记·孔子世家》。

　　孔子的祖先是宋国的贵族，他的曾祖孔防叔因避宋国宫廷贵族的内讧逃奔陬邑（今山东曲阜东南）。后来，家境逐渐败落，到他父亲孔纥（又名叔梁纥）时，身份只是贵族中最低一级的"士"。

　　孔子3岁那年，父亲病故，母亲带着他迁居曲阜城里的阙里。孤儿寡母相依为命，过着十分清苦的日子。为了生活，孔子从小就在家里帮母亲做些家务，或者去替人家放牛放羊，有时还出去给人当吹鼓手。孔子17岁时，母亲就病死了。

　　过了两年，孔子结婚，次年生了一个儿子，他不得不赚钱养家，充当管理仓库的"委吏"和管理牛羊的"乘田"，来维持全家的生活。因此，孔子自小没有进过官学读书。但是，坎坷的生活经历并没有使他气馁，相反却激起了他强烈的求知欲望和奋力拼搏的决心。

　　孔子生长的鲁国，有着丰厚的传统文化底蕴。这里地处平原，气候适宜，土壤肥沃，古代的东夷族很早就在此繁衍、生息，创造出丰富多

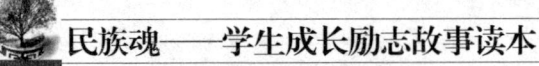

彩的文化。西周初年，这里又是周公旦的封地。周公旦是周武王的弟弟，周武王死后，由周公旦辅助年幼的周成王执政，便由其长子伯禽代为就封鲁国。伯禽来到鲁国，带来了许多典章文物，并经周成王的特许，实行天子的礼乐、冠服制度。到春秋末年，这种传统文化还一直保存下来，以至于有"周礼尽在鲁"的说法。孔子从小生活在这种浓厚的传统文化的氛围里，耳濡目染，使他深受影响。童年做游戏，他"常陈俎豆，设礼容"。后来，他对古代的传统文化产生了极大的兴趣，因而"好古，敏以求之"，决心发愤学习，把它继承下来，并且发扬光大。

据孔子自己说："吾十有五而志于学"。他从15岁起开始确立学习的志向。当然，由于家庭的经济条件所限，他只能走自学的道路。自学只能在业余的时间进行，而且没有老师，必须付出比别人更加艰苦的努力。从这时候开始，他食无求饱，居无求安，抓紧机会向各种有学问的人请教，"学如不及，犹恐失之"，真是到了忘寝废食的地步。

孔子坚持学习，学而不厌，曾经留下了许多动人的故事。鲁昭公十七年（前525年），鲁国的附庸郯国的国君郯子，前来朝见鲁君。

在宴会上，鲁国大夫昭子问起有关郯国始祖少皞氏和黄帝、炎帝、共工氏等古代部落首领的传说，郯子逐一作了详细的说明。孔子听到消息，就赶紧跑去拜访，向郯子请教少皞氏以鸟命官的情况和古代的官制。后来，孔子对人说："我听说天子那儿已经没有主管这类事情的人了，这种学问却还保存在四方蛮夷那里。"这就是著名的孔子问官于郯子的故事。

为了学到知识，孔子有时还不怕路途遥远，千里迢迢地跑到外地去求师。鲁昭公二十四年（前518年），孟僖子临终前让他的两个儿子孟懿子与南宫敬叔向孔子学礼。孟懿子与南宫敬叔拜孔子为师，跟他学习一段时间后，请求鲁昭公派孔子到东周的都城洛邑（今河南省洛阳市东）去参观考察，进一步了解古代的传统礼制。

鲁昭公答应了这个请求，给了他们一辆车子、两匹好马，还派了一个仆人一路照顾他们。尽管路途十分遥远，但想到洛邑有丰富的文化宝藏，孔子一行兴冲冲地启程了。孔子风尘仆仆地赶到洛邑，立即去找管理东周王室文献的大思想家老子，虚心地向老子请教有关古代礼制的各种问题，并仔细观察老子如何依礼行事。经过这次参观学习，孔子对周朝的礼仪制度了解更加深刻。从洛阳回来，他把自己的学习心得讲给学生听，学生都觉得收获很大，"稍益进焉"。这就是脍炙人口的孔子问礼于老聃（老子名聃）的故事。

孔子不仅向有学问的人请教，而且还广泛地进行社会调查，以获取更多的知识。

鲁昭公十九年（前523年），孔子第一次参加鲁国的祭祀大典，进入周公旦的太庙，每件事都要问，直到明白为止。

有人嘲笑他："谁说这个陬人之子懂礼呢？每件事都得问来问去！"孔子回答说："不懂就问，这才合乎礼啊！"后来，孔子不论是讲学、从政还是周游列国，每到一处，孔子都不耻下问，作实地调查。他的知识面也随之不断拓宽，不仅熟悉古典文化，而且对现实社会的各种问题也了如指掌。

在学习中，孔子不仅刻苦努力，而且认真执着，非到彻底弄懂、真正掌握决不罢休，从不浅尝辄止、半途而废。他向著名的乐官师襄子学琴，学了10天，还是反复弹奏一首曲子。师襄子让他换一首新曲，他说："这首曲子我是会弹了，但还掌握不好节拍，再练练吧。"又练了几天，师襄子说："你已经掌握了这首曲子的节拍了，学首别的曲子吧。"孔子又说："我虽然已掌握了这首曲子的节拍，但还没有领会它的旨趣神韵呢，再练练吧。"

又过几天，师襄子说："你已经领会到这首曲子的旨趣神韵，可以学新曲了。"孔子还是说："旨趣神韵虽说已经掌握了，但我还没有摸透作者的立意哩，还是再练几天吧。"几天过后，孔子抚琴，时而抬头仰望，时而凝眉沉思，终于兴奋地对师襄子说："我已经体察到乐曲作者其人了，他是一个体魄健壮、身材高大、目光远大的人，所以才能谱出这样旷达的曲子。这个人只能是周文王，不可能是别人！"师襄子忙站起身作揖道："对呀！我的老师说过，这首曲子就叫《文王操》啊！"

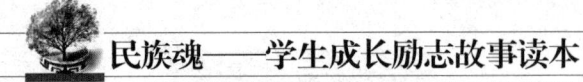
尤其难能可贵的是，直到晚年，孔子始终保持着这种勤奋好学的精神。

晚年他好读《易》，每日不停地翻阅，以至于贯穿竹简的皮绳都断了三次。正如孔子自己所说的，他是"发愤忘食，乐以忘忧，不知老之将至"。

传说孔子病重时，他的弟子商瞿卜了一卦，推算他将在中午日挂中天时去世，孔子叫道："取书来，比至日中何事乎？"王充在《论衡·别通》中记载了这件事，感慨地说："圣人之好学也，且死不休，念在经书，不以临死之故，弃忘道艺！"

由于好古敏求、学而不厌，孔子经过多年的努力，终于成为一名博古通今的大学问家。他精通古代的文化典籍和文物制度，曾编订了《诗》《书》《礼》《易》《乐》和《春秋》六经，人们若是忘了什么历史掌故，常常得向他请教。有一次，孔子到陈国都城宛丘（今河南省淮阳），一只隼被"楛矢石磐（一种以楛木为杆，以石为簇的箭）"射中，掉落在宫廷里。国君陈湣公闹不清这是什么箭，派人来问孔子。孔子回答是"肃慎箭"。该箭是肃慎族贡献给周武王，周武王赐给大女儿，大女儿嫁给虞胡公，虞胡公被封到陈国，就把这箭带到陈国来了。陈湣公派人打开宫中的旧库一查，果然有这种肃慎箭。孔子还熟悉现实生活中的政治、经济问题，对当时列国并立的形势和各国内部的治乱都一清二楚。鲁定公、鲁哀公、齐景公、卫灵公、叶公、楚昭王等国君向他问政，他都能针对各国的时弊提出对策。墨子夸奖孔子"博于诗书，察于礼乐，详于万物"，确非过誉。

## 心灵物语

学习的道路并不是平坦笔直的，而是布满荆棘和险峰。要想在这条道路上跋涉攀登并取得辉煌的成就，必须付出极其艰苦的努力。孔子勤奋自学的感人事迹，昭示人们的正是这样一条真理：书山无路勤为径，学海无涯苦作舟。

■史海钩沉

## 孔子因材施教

颜渊是孔子最得意的弟子，但因为颜渊太顺从了，孔子便说道："颜回不是帮助我的，因为他对我说的什么话都一律接受！"又如孔子是主张全面发展的，如果单方面发展，他认为那就像只限于某一种用处的器具了，有学问、有修养的人不能像器具一样。

子贡就有陷于一隅的倾向，所以孔子就批评子贡说："你只是个器具啊！"子贡问道："什么器具呢？"孔子说："还好，是祭祀时用的器具。"意思是说，从个别的场合看来，子贡是个体面的器具，却没有注意到全面发展。

孔子注重启发，他善于选择人容易接受的机会给予提醒。他说："如果一个人不发愤求知，我是不开导他的；如果一个人不是到了自己努力钻研、百思不得其解而感觉困难的时候，我也不会引导他更深入一层。譬如一张四方桌在这里，假使我告诉他，桌子的一角是方的，但他一点也不用心，不能悟到那其余的三个角也是方的，我就不会再向他废话了。"

孔子又往往能使人在原来的想法上更进一步。有一次子贡问孔子道："一般人都喜欢这个人，这个人怎么样？"孔子说："这不够。"子贡又问："那么，一般人都不喜欢这个人呢？"孔子说："也不够。要所有好人都喜欢他，所有坏人都不喜欢他才行。"

■文苑荟萃

## 太公孔子

### （宋末元初）方　回

褆身涉世谩多忧，运去时来不自由。
孔子三千难变鲁，太公八十尚兴周。
星辰岁久常差度，江海潮生会倒流。
万有盈亏理如是，可须悭作醉乡游。

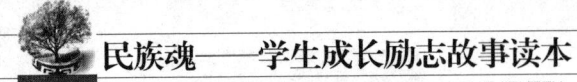

 # 王象好学自励有大成

> 王象（？—222年），字羲伯，河内（今焦作武陟县）人。少年时父母双亡，给富人家当奴隶，为人家放羊。后来，王象结识了魏太子曹丕，曹丕非常欣赏王象的才华。曹丕称帝后，拜王象为散骑侍郎，后又升为常侍，封列侯。

三国曹魏时期，有一个著名的学者，名叫王象，他以"文章显"，被誉为当时天下"名士"，"称为儒宗"，他曾受魏文帝之命，主持修撰了大型类书——《皇览》。有谁知道这位煊赫一时的学者，在青少年时期竟是一位牧羊奴隶？那么，他是怎样由一个牧羊奴隶成为学者的呢？

王象从小没有父母，孤苦一人，被转卖到并州（今山西太原市西南）给人家当奴隶？待他长到十七八岁时，主人便派他去放羊，当了个羊倌。

王象虽然地位卑贱，但却非常好学，他不知从哪里找到一些书，放羊时便偷偷地阅读。时间久了，此事被主人发现，遭到一顿毒打。但王象读书的心气一点儿也没有减弱，还是千方百计地抓空看书，因此他经常受到主人的鞭打。不过,这个牧羊娃爱好读书的名声也逐渐传扬开了。

当时有个河内人杨俊，因躲避战乱来到并州。杨俊为人善良，乐于助人，平日"赈济贫乏，通共有无。宗族知故为人所略作奴仆者凡六家，（杨）俊皆倾财赎之"，他尤以乐于奖掖人才而知名于世。他"自少及长，以人伦自任"。所谓"人伦"，即对人才的鉴别。例如，他同郡人审固和陈留郡人卫恂，"本皆出自兵伍"，因杨俊"资拔奖致，咸作佳士"，相继当了郡守县令，"其明鉴行义多此类也"。他本是河内郡获嘉县（隶属今河南新乡市）人，因时值汉末战乱，杨俊认为河内是战争之地，将来必是军阀争战之所，便率领100多户乡亲离开老家寻求避难之处，辗转来到了并州。

在这里，他得知自己的同乡王象沦落异乡为奴却好学向上的感人事迹，又了解到王象的确天资聪颖，才质俱佳，非常欣赏，于是杨俊慷慨解囊，出资把王象赎了出来，供养他读书，又给他娶了妻室，盖了新房。

王象"果有才志"，愈发勤奋好学，不负杨俊一片苦心。王象的学识愈发渊博，声名远扬，并州刺史梁习向曹操"荐州界名士"，其中就有王象和杨俊二人，曹操"皆以为县长"。建安年间，王象受到曹操的太子曹丕的礼待。曹丕称帝后，拜王象为散骑常侍，后来又升他为常侍，封为列侯。王象的学识和才能得到社会的广泛赞誉，史记"黄初时，散骑常侍河内王象，亦与（卫）觊并以文章显"，与著名文士卫觊齐名。他"性器和厚，又文采温雅，因是京师归美，称为儒宗"。王象在儒学方面也是一位大师。对于他的文学成就，史家评论，自建安七子中的王粲、陈琳、阮瑀以及路粹等人去世以后，"新出之中，唯（王）象才最高"。可见对他的评价是相当高的。

魏文帝时，王象做了一件文化史上的大事——编撰大型类书《皇览》。魏文帝"好文学，以著述为务"，于是"又使诸儒撰集经传，随类相从，凡千余篇，号曰《皇览》"，王象"受诏撰皇览"，被任命为领秘书监以主持这一工作。

当时，许多学者参与了编撰《皇览》的工作，例如后来官至大司农的桓范，"以有文学，与王象等典集皇览"。据记载："（王）象从延康元年始撰集，数岁成，藏于秘府，合四十余部，部有数十篇，通合八百余万字"。这部书是我国历史上最早的一部类书。

王象成名以后，始终念念不忘杨俊的恩情。曹丕称帝后，王象升任散骑常侍，而杨俊还在南阳当太守。

王象便向魏文帝荐举杨俊，认为应当调他到朝廷任职。但因为以前魏文帝与曹植争当接班人时，杨俊对曹植说过一些赞美的话，魏文帝

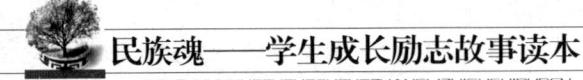

便怀恨在心，因而没有提拔杨俊。黄初三年（222年），魏文帝"车驾南巡"，到达南阳郡治宛县（今河南南阳），魏文帝借口宛县的市面"不末乐"，逮捕了宛县县令和太守杨俊。王象当时随从车驾，知道这件事后非常着急，便亲自向魏文帝求情，叩头流血，请求免杨俊死罪。魏文帝不答应，起身要回内宫，王象拉着魏文帝的衣裳不放，魏文帝回头对王象说："我知道杨俊与你的关系。现在如果听从你的，就等于没有我这个皇帝了。你是想不要我呢？还是不要杨俊呢？"最终还是把杨俊处死了。王象"自恨不能济（杨）俊，遂发病死"。

## □心灵物语

从一个牧羊奴隶变为一个著名的学者，杨俊的资助固然是一个重要的因素，但王象个人坚持学习，刻苦自励，无疑是最重要的原因。

## □史海钩沉

### 曹操胜袁绍

建安元年（196年），曹操迎献帝，迁都许县，挟天子以令诸侯（"奉天子而征四方"），威势大增。他先后击败吕布、袁术，占据了兖州、徐州以及部分豫州、司隶。建安四年（199年），袁绍战胜公孙瓒，据幽州、冀州、青州、并州，尽有河北之地，意欲南下以争天下。这样，华北最重要的两个政治军事集团决战势所难免。起初形势袁强曹弱。袁绍已无后顾之忧，地广人众，可动员的兵力在10万以上。曹操则是四面受敌，除了北方的袁绍，关中诸将尚在观望，南边刘表、张绣不肯降服，东南孙策蠢蠢欲动，暂时依附的刘备也是貌合神离。尽管如此，当时的一些有识之士，包括曹操的谋士荀彧、郭嘉，还在张绣麾下的贾诩，以及凉州从事杨阜，在综合分析了曹、袁的优劣后，认为袁绍外宽内忌，好谋无决，他们都看好曹操，认为局势会向着有利于曹操的方向变化。建安三年（198年）十一月，吕布被曹操消灭，建安四年（199年）六月，袁术病死，十一月张绣投降曹操。

刘表中立，孙策固守江东，局势变得更加明朗。

　　建安五年（200年）一月，袁绍率精兵10万南下。在此之前，曹操为避免腹背受敌，已先击溃与袁绍联合的刘备，并进驻易守难攻的官渡。四月，曹操以声东击西之计，于白马（今河南滑县境）斩袁将颜良，败袁军。袁绍初战失利，锐气受挫，改分兵进击为结营紧逼。两军对垒于官渡，相持数月。其间曹操因兵疲粮缺，一度欲回守许昌（今河南许昌东）。谋士荀彧认为，曹军以弱敌强，此时退兵必为其所乘；反之，袁军轻敌，内部不和，相持既久必将有变，正可出奇制胜。曹操纳其言，派兵袭烧袁军粮车；又亲率精锐5000奔袭袁军乌巢（今河南境）粮囤，全歼袁军，烧毁全部囤粮。消息传来，袁绍所部军心动摇，纷纷溃散投降。曹操乘机全线出击，歼敌7万余，袁绍父子仅率800余骑北逃。官渡之战，奠定了曹操统一北方的基础，袁绍则从此一蹶不振。

## ■ 文苑荟萃

### 《远游篇》

（三国时期）曹　植

远游临四海，俯仰观洪波。

大鱼若曲陵，承浪相经过。

灵鳌戴方丈，神岳俨嵯峨。

仙人翔其隅，玉女戏其阿。

琼蕊可疗饥，仰首吸朝霞。

昆仑本吾宅，中州非我家。

将归谒东父，一举超流沙。

鼓翼舞时风，长啸激清歌。

金石固易敝，日月同光华。

齐年与天地，万乘安足多。

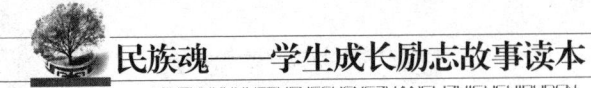

 # 沈麟士毕生笃学不倦

> 沈麟士（419—503年），字云祯，南朝齐教育家。人称"织帘先生"。吴兴武康（今属浙江）人。少时家贫如洗，以织帘为生，但好学不倦，苦于无书，特至京城，阅读经、史、子、集四部。他隐居德清吴羌山（又名乾元山）授课，学生数百人，各造屋依居其侧。时人称颂"吴差山中有贤士，开门教授居成市"。沈麟士除毕生教书以外，还有大量著述，著有《周易两系》《庄子内篇训》。又注《易经》《礼记》《春秋》《尚书》《论语》《孝经》《丧服》《老子要略》数十卷。

    沈麟士是南朝著名的学者。他从小就非常好学，但他家里很穷，要靠织帘子维持生计。他小时候帮助家里干活，一边织帘子，一边念书，"口手不息"，乡亲们给他起了个雅号叫"织帘先生"。他"幼而俊敏"，7岁那年，听叔父沈岳讲论玄理，待宾客散后，沈麟士将叔父的讲词重述了一遍，"无所遗失"，沈岳高兴地拍着他的肩膀说："若斯文不绝，其在尔乎！"由于长期的刻苦攻读，"及长，博通经史，有高尚之心"。但沈麟士并不满足，他"尝苦无书，因游都下，历观四部毕，乃叹曰：'古人亦何人哉！'"

    宋文帝元嘉末年，命尚书仆射何尚之负责抄撰《五经》。何尚之"访举学士"，武康县推荐沈麟士应选，沈麟士"不得已至都，（何）尚之深相接。"但后来官府举他出来做官，他一概加以拒绝。

沈麟士隐居于吴兴县吴羌山中，"讲经教授，从学士数十百人，各营屋宇，依止其侧"，本来荒无人烟的山野，成了一个人烟聚集之所，因此"时为之语曰：'吴羌山中有贤士，门开教授居成市'。"沈麟士淡泊名利"无所营求，以笃学为务……负薪汲水，并日而食。守操终老，读书不倦"。他就这样终生不懈，"笃学不倦"。

沈麟士80余岁时，一场大火，把他一辈子的藏书烧了数千卷。当时印刷术还没有发明，书籍都靠手抄，因此每部书都是非常珍贵的。这对沈麟士精神打击之沉重是可想而知的。在这种情况下，沈麟士并没有气馁，他决心将烧毁的书重新抄写一遍。当时纸张还比较贵，而沈麟士的生活很清贫，于是他利用旧字纸的背面抄写，每晚在灯下用蝇头小字细心书写。经过不懈的努力，他终于抄写了两三千卷书，装满了数十个竹筐。这是一个80多岁高龄的老人完成了常人难以完成的艰巨工作。沈麟士85岁那年便去世了。

## □心灵物语

沈麟士毕生"笃学不倦"的精神，特别是他老当益壮、老而弥笃的学习精神，值得人们敬佩和学习。

## □史海钩沉

### 元嘉之治

宋武帝刘裕死后，长子刘义符即位，两年后，辅政大臣徐羡之、傅亮、谢晦以嬉戏失德杀刘义符，立刘裕三子宜都王刘义隆，史称宋文帝。宋文帝继续实行刘裕的治国方略，在东晋义熙土断的基础上清理户籍，下令免除百姓欠政府的"通租宿债"，又实行劝学、兴农、招贤等一系列措施，使百姓得以休养生息，社会生产有所发展，经济文化日趋繁荣，由是，"三十年间，氓庶蕃息，奉上供徭，止于岁赋。晨出暮归，自事而已"，"民有所

系，吏无苟得。家给人足，即事虽难，转死沟渠，于时可免。凡百户之乡，有市之邑，谣舞蹈，触处成群，盖宋世之极盛也。"(《宋书·良吏传序》)宋文帝时期是东晋南北朝国力最为强盛的时期，史称"元嘉之治"。

■文苑荟萃

## 休沐寄怀

（南北朝）沈 约

虽云万重岭，所玩终一丘。

阶墀幸自足，安事远遨游。

临池清溽暑，开幌望高秋。

园禽与时变，兰根应节抽。

凭轩搴木末，垂堂对水周。

紫箨开绿筿，白鸟映青畴。

艾叶弥南浦，荷花绕北楼。

送日隐层阁，引月入轻帱。

爨熟寒蔬翦，宾来春蚁浮。

来往既云倦，光景为谁留。

# 第三篇

## 有追求勇往直前

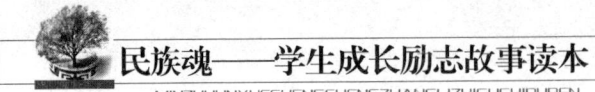
#  李嘉诚坚忍成大业

李嘉诚（1928—），生于广东潮州市。长江集团创办人。20世纪50年代初，李嘉诚靠生产塑料花起家。1958年，李嘉诚在北角购入一块地皮，兴建一幢12层高厂房，正式介入房地产市场。他独到的眼光和精明的开发策略，使"长江"很快成为香港的大型地产发展和投资实业公司。1972年，"长江实业"上市，其股票被超额认购65倍。到70年代末期，他在同辈大亨中已排众而出。2009年，长江实业总市值约为1万亿港元。

著名华人企业家李嘉诚依靠执着的精神及勇往直前的勇气，成为香港最大的地产商和物业拥有者，一度成为香港首富、亚洲首富、世界华人首富，所经营的产业遍布世界。

李嘉诚出生于广东潮州一个书香世家，他的父亲曾任一所学校的校长。受家庭的熏陶，他从小酷爱读书，家人都对他寄予厚望。但在20世纪30年代末，他的家乡被日本侵略者攻占，李嘉诚一家举家迁往香港投奔亲属。在香港，全家生活窘迫，亲友的帮助也很有限，年幼的李嘉诚体会到世态炎凉。李嘉诚14岁时，父亲染病去世，当时连买块好墓地的钱都没有。父亲临终前，李嘉诚曾向父亲保证，一定要让家人过上好日子。父亲去世后，家中更加贫困，李嘉诚只好辍学，到一家塑胶制造公司去做工。

凭借着聪明才智，李嘉诚很快就熟悉了塑胶制造公司的生产运营模式，于是他决定自立门户，用自己的积蓄去创业。

1950年，李嘉诚筹办了自己的塑胶公司，生产玩具和简单的日用品。工厂开办之初，他仅雇了两个工人，而自己每天工作十六七个小时，既是一厂之长，又是工人、推销员，还是传授技术的师傅。晚上，他还搞设计，钻研各门技术。由于太急于求成，工厂扩张过快，设备和人手都无法保障，生产出的产品常被退回，客户也都上门索赔。恰巧，又赶上国际塑胶市场不景气，李嘉诚苦苦支撑的工厂濒临破产。

这场磨难，让李嘉诚开始冷静思考。他细致地分析了国际形势和市场走向，决定重新选择一种有市场竞争力的产品——塑胶花。李嘉诚大胆预测：追求更高生活质量的人们必定会选择塑胶花美化生活。于是，李嘉诚的奋斗真正开始了。

他苦心学习塑胶花制造技术，采取薄利多销的方法进军各大市场。当时，与李嘉诚一同搞塑胶花加工的小作坊不下一百家，在香港塑胶花生意受到国际市场冲击的时候，许多同行都垮掉了，李嘉诚却坚强地挺了过来。因此，香港真正把塑胶花生意做下来的仅李嘉诚一个，他是凭借自己的勇气和毅力才使企业重新焕发出了生机。

李嘉诚出身贫寒，没有任何靠山，但胸中却充溢着一股舍我其谁的勇气。这种勇气使他度过了困境，从而掘得了成就今后基业的第一桶金。同样的事情在李嘉诚身上一再出现。李嘉诚始终不畏人言，不为时局形势所动，坚定信念，让自己的企业一步步登上了更高的台阶。这样的成功靠的不单是超凡绝俗的智慧，更多的是不服输的韧劲和卓尔不群的勇气。如果不是这样，就永远不会有后来功成名就的李嘉诚。

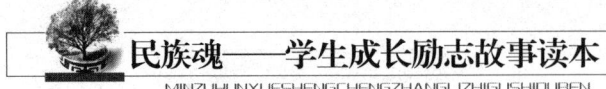
## ▢心灵物语

李嘉诚曾说过："我个人认为成功缺一不可的素质：坚毅、勇气、有恒……"这位白手起家打造商业帝国的传奇人物，曾经在创业阶段同大多数创业者一样经历过辛酸历程。而在重重的磨难之下，李嘉诚靠着顽强的毅力战胜了自己，也战胜了困难。

## ▢史海钩沉

### 李嘉诚向新加坡国立大学捐款

2007年3月，李嘉诚向新加坡国立大学李光耀公共政策学院捐款1亿新加坡币（逾5亿港元），创立教育及学术发展基金，设立教授席及40个硕士奖学金等，旨在培育区内公共管理人才。这笔捐款一半由李嘉诚基金会捐出，长江实业（集团）有限公司及和记黄埔有限公司分别捐出四分之一。获捐款的公共政策学院院长布巴尼表示，新增奖学金将惠泽中国内地和香港，此外，越南和新加坡等东南亚国家以及印度的学生亦可受惠。继香港大学医学院后，新加坡国大校园内一幢建筑物被命名为"李嘉诚大楼"。

# 邓建军刻苦钻研成能手

邓建军（1969— ），江苏省常州市人，中共党员。现为江苏黑牡丹（集团）股份有限公司技术总监。2009年9月14日，被评为100位新中国成立以来感动中国人物之一。先后被评为"江苏省有突出贡献的高级技师"，新世纪全国首批七个"能工巧匠"之一，中国工会十四大代表，荣获全国五一劳动奖章，被授予"全国青年岗位能手""全国职工职业道德建设十佳标兵""江苏省优秀共产党员标兵"等称号。

邓建军出生在江苏常州市一个偏远的农村，小时候家里十分贫困，连酱油都得省着吃。父亲在乡下当电工，有时候带一些东西回来修理，他就经常趴在旁边看，对修理电器表现出浓厚的兴趣。中专毕业后，邓建军怀揣着一张常州轻工学校毕业的中专文凭，来到江苏黑牡丹（集团）股份有限公司的前身常州市第二色织厂，被分在车间里当一名电气维修工。

工作初期，邓建军设备维修技能掌握得不好，常常因为找不到故障根源造成损失。那时，纺织企业正在淘汰一些传统的生产设备，采用高新技术设备。经历了几次机器检修，邓建军感到对于一个中专生来说，需要学习的东西太多了。他知道，现在企业需要有知识、有文化的新一代工人，需要能够开动那些进口纺织机械的技术工人，需要了解世界先进技术的维修工人。邓建军清醒地认识到，如果不努力学习，就很有可

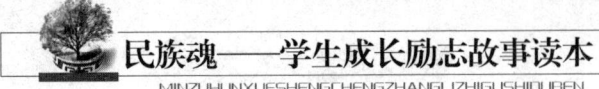

能被时代淘汰，那时到哪里去找饭吃？

邓建军至今还记得，公司第一次引进国外纺纱设备时的情况。他遇到问题，向外方调试人员索要操作手册，客气的语言换来的却是对方满怀戒备地拒绝。外方调试人员的傲慢和轻视深深地刺痛了邓建军，他暗下决心，要争口气。从此，邓建军订下学习计划，就像海绵吸水般汲取新知识、新技术。只要没有特殊任务，每晚必须看一个半小时的技术书籍和有关资料，因此他常常是捧着书本进入梦乡。他参加自学考试，专攻计算机应用技术，获得大专学历后继续攻读本科。他还利用双休日和节假日到上海、南京等地拜师学习，进行专项考察，了解跟踪国际纺织技术中的最新动态。

在后来的技术攻关中，邓建军一次次让外方人员见识了他超凡的"中国功夫"。1997年，公司进口的德国气流纺纱机的中枢系统——变频器烧坏了，急需更换。这种变频器价格高达9万元，且德方在中国没有现货供应，订货周期长达两个多月。时间不等人，邓建军找到公司领导主动请缨，揽下了这个难啃的"硬骨头"。

邓建军和同事们经过计算测量、研究分析，决定向"洋设备"开刀，采用类似的国产变频器替代，完成了上百个技术参数的修改，仅仅用了两天半时间，机器就恢复了正常运转。消息传到德国公司总部，对方全然不信，认为这是"不可能完成的任务"，他们还没有这样的先例。于是派人专程飞来黑牡丹公司考察，目睹后，严谨的德国专家不禁竖起了大拇指："中国工人了不起！"

邓建军也是技术革新的领跑者。黑牡丹（集团）股份有限公司是全国知名的牛仔布生产公司，牛仔布预缩率的稳定控制是世界纺织技术难题，出口牛仔布预缩率高了，多缩1%，生产方会受到上百万元的损失；如果缩小了，又达不到质量标准，做出的服装会因收缩不当而变形，造成国际索赔等问题。越有难度的挑战，邓建军就越兴奋。

从1999年开始，他带领工友们刻苦攻关，不知熬过多少个不眠之夜，不知经过多少次实验调试，终于从影响预缩率的多种因素中抓住回潮率这一主要原因进行革新，通过电子技术与气动技术的完美结合，解决了这个一直困扰纺织业的难题，把黑牡丹生产的牛仔布的预缩率精度稳定控制在2.5%以内，优于3%的国际标准。为了方便操作，他还专门设计制作了详细的"缩水率表"，操作工人只需按图索骥，每一步都可以按量化标准操作，极大地保证了产品质量。

从实验成功那天起，黑牡丹公司的产品就以稳定的缩水率蜚声于国际牛仔布市场。随着企业的发展，黑牡丹公司引进了越来越多的进口设备，邓建军不断地消化吸收新技术，并进行了多项改造创新。

邓建军在学习中不断地积蓄创新能力。面对日新月异的科学技术，学习成为邓建军的第一需要。外文资料曾是横亘在邓建军和技术知识之间的拦路虎，但他不信自己迈不过这道坎。一个个艰涩的专业词汇，一篇篇复杂的技术资料，都被他记熟搞懂。几年后，他已经能用流利的英语与外国专家面对面交流。随着互联网的普及，邓建军开始利用便捷的网络浏览技术网站，搜集英文资料和与电气、机械、纺织专业有关的各种信息。

在工作中学习，在学习中工作，邓建军从一名普通的修理工成长为技术带头人，也让自己学到的知识在实际工作中发挥了最大的效用。他作为"知识型职工"的楷模，产生了巨大的影响力，常州市涌现出一大批"学习型职工""技术型能手"，在各条战线的岗位上建功立业，凝聚成推动常州经济跨越发展的巨大动力。邓建军的事迹深深地感动了常州，成为全市百万工人学习的榜样。

## □心灵物语

邓建军以坚忍不拔的毅力，坚持学习，以自身的成长历程诠释了知识改变命运的深刻含义，成为所在企业的技术领头人。国家要发展，民族要振兴，国家需要更多的"邓建军"式的优秀产业工人，学习邓建军就要学他坚韧不拔的毅力和努力向上的进取精神。

■文苑荟萃

## 黑牡丹集团

黑牡丹（集团）股份有限公司，位于苏南纺织重镇——江苏常州，是国内生产牛仔布历史长、规模大的集科研、生产、贸易于一体的现代化上市公司。黑牡丹（集团）公司为国家 520 家重点企业之一，科技部认定的国家重点高新技术企业。公司先后荣获全国"五一劳动奖状"、全国先进基层党组织、全国"重合同、守信用"先进企业、全国精神文明建设先进单位、全国厂务公开工作先进单位、军民共建社会主义精神文明先进单位等荣誉。黑牡丹（集团）公司拥有黑牡丹进出口公司、荣元时装有限公司、大德纺织有限公司、黑牡丹（香港）公司、黑牡丹（溧阳）服饰有限公司五家子公司。

 # 秦文贵献身戈壁二十载

> 秦文贵（1961—），河北省平山县人，中共党员。高级工程师，中石油学科带头人。2009年9月10日，当选"100位新中国成立以来感动中国人物"。

1954年5月，一支长长的骆驼队载着一群血气方刚的青年踏进了青海省西部的柴达木盆地。从此，这块广阔而神秘的戈壁荒漠上，开始有了奋斗和挫折，有了欢乐和泪水，有了青海石油人的历史。28年后，一位文静、瘦削的青年背着简单的行囊，带着憧憬和理想也踏上了这块土地，他的名字叫秦文贵。

二十几年来，在残酷的自然环境中，秦文贵以顽强的毅力克服重重困难，扎根油田，拼搏奉献，由一名大学生成长为油田的科技骨干，为油田的发展做出了突出贡献。在高高挺立的钻塔上，他建立了自己的人生坐标。

秦文贵1982年从华东石油学院毕业后，被分配到青海油田。当时，他也有过犹豫，因为那里是石油行业人人皆知的全国海拔最高、生活最苦的油田。但他也深知，那里地域辽阔，油气发展潜力大，年轻人到那里一定会有所作为。于是，他怀着"头戴铝盔走天涯，昆仑山下送晚霞"的豪情走向了戈壁瀚海。

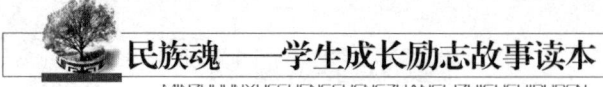

至今，秦文贵都记得刚到井队时的情景。先是坐了三天火车，又坐了两天汽车，当他走下车时，迎接他的是打得脸颊生疼的黄沙。当时的花土沟只有几间低矮破旧的泥坯房，职工都住帐篷，家属来了没地方住，就四家各住帐篷的一角，几块布隔着。外面看起来与荒漠无异，俗称"地窝子"。刚来时，秦文贵常被从"地窝子"钻出来的人训斥和埋怨，因为他踩到了人家的"房顶"上。

一天深夜，大地被惊醒，井喷了！不一会儿，井口压力已上升到了两百多个大气压，而放喷管线又被结晶盐堵死。若不立即处理，将会抬翻井口，造成井毁人亡的严重后果。

秦文贵看到睡梦中惊醒的钻工们连安全帽都没来得及戴，甚至光着膀子就跳进齐腰深的泥浆中。在巨大的地层压力作用下，数千米深的盐水泥浆狂龙般喷涌而出，暴虐地扑向靠近它的每一个人。但是，没有一个人退缩。秦文贵感到血在往上涌，他把外衣一脱，跳进泥浆，加入到抢修管线的人群中。黎明时分，井喷终于被制服了。

经受了盐水泥浆的"洗礼"，秦文贵意识到，来柴达木需要勇气，而为柴达木献身更需要崇高的精神。在身边这些钻工们的身上，秦文贵看到了那些柴达木英烈们的影子，感受到了柴达木人艰苦奋斗、为油而战的可贵精神。

秦文贵在最艰苦的井队一干就是五年。硫酸钡重晶石粉能增加井压，但是要靠肩膀扛到井上，秦文贵就和工人师傅们一起扛。6袋重晶石粉压在他的身上，鼻血浸透了胸前的工作服，但他仍一步一步向井架挪去。三个月下来，他们硬是扛了1万多吨的重晶石粉，相当于2000辆解放卡车的运量。

渐渐地，秦文贵发现，柴达木盆地恶劣的自然条件和油田相对落后的技术装备严重阻碍了青海油田的进一步发展。要改变现状，出路只有一条，那就是实干。他深知，在艰苦的地方苦熬不算真本事，只有自强创业，干出一番事业才能实现真正的人生价值。一种强烈的责任心、紧

迫感促使他努力学习、刻苦钻研。

为学好英语，秦文贵自费订阅了《中国日报》《北京周报》（英文版）等报刊，长年坚持用英语记工作日记。劳累了一天后，别人已酣然入睡，他还就着昏暗的灯光学习。扎实的英语底子，为他日后查资料、搞科研创造了便利条件。

在钻井队，他还不断地琢磨、研究各种设备，练就了一套千里眼、顺风耳的本领：看板房的灯光明暗，就知道井上启动了什么电机设备；听钻机异常的声音，就可判断出井上哪个环节出了问题。毕业后第五年，他入了党；第八年，他当上了钻井队队长兼工程师。

在油沙山一口井的施工中，为了防止把井打斜，他根据自己所掌握的专业知识，提出采用刚性满眼钻井技术和钟摆钻井组合工艺。他的建议被采纳了。实践证明，不仅井身质量合格，而且钻井速度提高了20%，节约成本20多万元。

这一成功，使秦文贵进一步认识到，油田的开发需要艰苦创业、吃苦耐劳的精神，更需要科学技术的助力。作为一名年轻的科技人员，他应该在这方面发挥更大的作用。

1995年，秦文贵在处理一口井的技术套管事故时，闪现出一个大胆的想法：能不能简化套管程序呢？这一技术一旦成功，将带来可观的经济效益。他一头扎进研究中，查阅资料，设计方案，用去的草稿纸摞起来有1米多高。睡眠被压到三四个小时，方便面成了他的一日三餐。两个月后，可行性报告通过了。秦文贵被任命为实验领导小组组长。

2月17日，实验井正式开钻。从这一天起，秦文贵就没日没夜地守在井旁。初春的柴达木仍是寒风凛凛，秦文贵却大汗淋漓。沾满油泥的双手冻裂了，结成血痂的双唇又冒出股股鲜血。实验终于成功，整个井场欢腾了。此时，秦文贵却说不出一句话来，唯有热泪潸然而下。此项技术在类似地质条件油井不断推广，给油田创造了更大的经济效益。

1998年3月，秦文贵担任钻井处处长，成了油田钻井试验工作主管部门的领导。上任伊始,他就确定了新的工作思路——"增加技术含量,提高钻井效益,降低钻井成本,增强作战能力"。为此,他常常与技术人员深入生产第一线,哪里需要就出现在哪里。他常挂在嘴边的一句话是,"学钻井的,就注定要以荒山戈壁为家。"

青海油田钻井总进尺增加了2万多米,钻井生产时效提高了8%,钻井综合成本大幅度下降。其中包含着秦文贵等技术人员付出的汗水和心血。

秦文贵随着不同的井队南迁北移,风餐露宿,走遍了方圆上千公里荒漠戈壁,他组织研究和推广、运用了十多项新技术、新方法,为油田创造了可观的经济效益。

悠悠二十几载,秦文贵把自己融入戈壁荒漠,走出了一条当代青年知识分子在苦干、实干中成长、成才的道路,先后获得青海油田"新长征突击手""双文明先进个人""优秀科技工作者""劳动模范",中国石油天然气集团公司"特等劳动模范"以及首届"中国青年五四奖章"等荣誉称号。

在为企业、为社会创造价值的同时,秦文贵也实现了自身的人生价值!

## ■心灵物语

在严酷的自然环境中,秦文贵以顽强的毅力克服重重困难,扎根油田,拼搏奉献,一步一个脚印,由一名普通大学生成长为油田的科技骨干,为油田的发展做出了突出贡献,堪称当代的楷模。

## ■史海钩沉

### 大庆精神

1959年9月26日,新中国诞辰10周年前夕,东北松嫩平原传来令全国人民振奋的好消息:松基三井喜喷工业油流!"大庆油田"因此得名。

大庆石油会战，是一场在困难时期、困难地点、困难条件下的艰难会战。

会战之初，正值国家自然灾害时期。在食物匮乏的年代，"四两保三餐"是我们无法想象的。野菜吃光了，全油田近5000名职工因为饥饿得了水肿病，从事繁重体力劳动的"铁人"王进喜和会战职工们咬紧牙关坚持着，无论多么困难也不向国家喊苦。王进喜说："这困难，那困难，国家缺油是最大的困难。"

油田创业初期，钻井工人的家属们顶起了"半边天"。她们开荒、修鞋、补衣，在艰苦的条件下尽可能为油田做好后勤补给工作。

人拉肩扛精神、干打垒精神、五把铁锹闹革命精神、缝补厂精神、回收队精神、修旧利废精神，是大庆艰苦创业的六个传家宝。它与两论起家、两分法前进、岗位责任制、三老四严、四个一样等基本经验和作风一起，共同构成了大庆精神的精髓。

□文苑荟萃

## 柴达木盆地

柴达木盆地位于中国青海省西北部，东西长850千米，南北宽300千米，面积约25万平方千米，海拔约2600至3100米，是中国海拔最高的盆地，是高原型盆地。盆地西高东低，西宽东窄，四周高山环绕，南面是昆仑山脉，北面是祁连山脉，西北是阿尔金山脉，东为日月山，是封闭的内陆盆地。柴达木盆地属干旱大陆性气候，气温特别低，利于地下冻土层的发育。夏日回暖，高原雪山消融，洪流泛滥，沼泽面积广。降水稀少、风力强劲，风沙地貌广泛发育。水系稀疏，河流短小，以高山冰雪融水补给为主。植被稀疏，以超旱生及旱生灌木和半灌木为主，适于骆驼放牧。

# 钢铁战士麦贤得

> 麦贤得（1945— ），广东省饶平县人。中共党员。曾任广州海军基地副司令员、大校，被战友们誉为"钢铁战士"，并荣获"战斗英雄"称号。2009年9月14日，被评为"100位新中国成立以来感动中国人物"之一。

麦贤得无论面对什么事情，总是敢闯敢干，并且勇于承担重任。在学校读书期间，他曾多次被评为"三好"学生，入伍前两年还连续被评为"五好"民兵。

1964年3月，麦贤得参加了中国人民解放军海军，任海军某艇机电兵。为了改变自己文化底子薄的现状，加强自己的文化修养，他不知放弃了多少午睡、休假的时间，经常一个人躲在山顶上，拼命地记呀、背呀，勤奋钻研电机专业知识，对生疏的术语、复杂的原理、无尽的数据细细琢磨，逐一弄懂。

在平时的军事训练中，他对自己的要求也同样严格。老战士训练时，他就在旁边用心看、用心记，跟着学。不仅如此，他还经常请老战士出题考验自己。就这样，凭借着一股火热的学习劲头，他练就了一身过硬的技术本领。1964年8月，麦贤得加入了中国共产主义青年团。次年，加入了中国共产党。

1965年8月6日凌晨，执行护渔任务的麦贤得所在的"海上英雄"

艇照例和兄弟舰艇一起警惕地巡逻，发现台湾"剑门号"和"章江号"舰艇突然闯进了东山岛附近的渔场。水兵们顿时怒火滔天，随着指挥员下达作战命令，炮艇昂首破浪向前冲去。"八六海战"正式打响。战斗中，611艇后左主机意外停转了，当时担任轮机兵的麦贤得立即跑过去帮忙启动机器，不料一块弹片打进了他的右前额，插到左侧靠近太阳穴的额叶里，他顿时失去知觉，跌倒在机舱里。

苏醒过来时，麦贤得已经发不出一点声音了，可他顾不上害怕，焦急地推开帮他包扎伤口的副指导员，又站到了自己的岗位上，一刻不停地检查着机器。额上的鲜血和漫溢而出的脑浆粘住了眼角和睫毛，影响了他的视线，他依然凭着练就的过硬技术，顽强地坚守在战斗岗位上。他在剧烈摇摆的机舱里穿来绕去，摸索着检查每一台机器、每一根管路、每一个阀门、每一颗螺丝钉。由于失血过多，他的动作逐渐有些迟钝，但在这样恶劣的外部条件和身体条件下，他竟然在几台机器、几十条管路里，检查出一个只有手指头大的被震松了的螺丝，凭借着顽强的战斗意志用扳手把螺丝拧紧，使机器得以重新运转。就这样，麦贤得忍受剧痛坚持战斗了3个小时，直至歼灭美制蒋舰"章江号"和"剑门号"，战斗胜利结束为止。麦贤得因此成为这场海战中最耀眼的英雄，被战友们誉为"钢铁战士"。

战斗结束后，麦贤得被送入广州军区总医院治疗。周恩来亲自下令组织全国著名的脑外科专家为他会诊，并指示一定要把麦贤得的伤治好。由于弹片严重伤害了麦贤得的脑神经，他的右手一直处于麻痹状态，有时还会出现癫痫。为了使右手能摆脱完全麻痹的状态，他艰难地进行锻炼，强迫自己在顺着横杆一格一格地往上爬时用右手使劲，即使累得汗珠滚滚，仍咬牙坚持。经过不懈努力，没用多长时间，他就出院了。

麦贤得的英雄事迹被写成长篇通讯《钢铁战士麦贤得》后，分别在《人民日报》《解放军报》《人民海军》等报刊上发表，随即在全国范

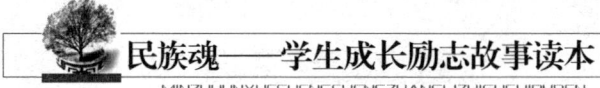

围内引起了强烈反响。党和国家领导人先后多次亲切地接见了他。1966年，麦贤得荣立一等功，并被国防部授予"战斗英雄"荣誉称号，被共青团中央授予模范共青团员称号。

虽然麦贤得以康复出院，但头部的重伤仍留下了严重的后遗症。他的智力大大减退，语言也有了障碍。四次脑手术使他失去了很大一部分记忆，但他仍然勉励自己克服种种困难，一边治疗，一边工作，还经常不辞辛苦地到部队讲战斗经历，作革命优良传统教育。

1971年，麦贤得与妇联干部李玉枝喜结良缘。幸福欢乐的家庭生活渐渐抚平了麦贤得身体上的伤痛。相夫教子，李玉枝做得很出色。麦贤得的一子一女长大后都同父亲一样参了军。儿子从海军后勤学院毕业，如今在中国人民解放军驻港部队舰艇大队任职，在1996年的湛江抗洪救灾中还荣立了三等功。女儿毕业于海军医学专科学校，现于海军某医院工作。

1988年，麦贤得当选为中国残疾人联合会主席团成员。1989年9月28日，麦贤得作为特邀代表出席了全国劳动模范和先进工作者表彰大会。由于麦贤得一直需要服用药物，近十几年来，有许多制药厂家先后找到他，想让他为厂家的药品做广告，除了有一大笔可观的报酬外，还会为麦贤得终生免费供药。如此丰厚的条件却被麦贤得拒绝了，他说："药丸在我身上的疗效固然不错，但不一定在别人身上也能起到同样的效果。因我是战斗致伤，病例特殊，目前社会上绝大多数癫痫都是由病理及生理因素导致的，所以我不能为你们做宣传。"他还说："荣誉是党和人民给的，我的名字和形象就是荣誉和影响，我个人无权随意使用。如果拿着党和人民给予的荣誉去换取金钱，就等于叛变和堕落。"

虽然麦贤得的职位一直在变，地位在升高，可是他的生活习惯仍然是艰苦朴素的。然而在扶贫济困上，他却格外大方。部队组织为灾区人民捐款，他每次都要捐上两三百元，有人忘了告诉他，他还会因此而生气。2007年，麦贤得以大校军衔从广州海军基地副司令员的职位上光

荣退休。尽管他本人从工作岗位上退休了，但是40多年来，"钢铁战士"麦贤得的故事在华夏大地上被广为传颂，甚至被写进小学课本，激励着一代又一代人。

## □心灵物语

在炮火纷飞的战场上表现出压倒一切敌人的英雄气概的麦贤得，在荣誉面前却表现得很淡泊，不愧是"钢铁战士"！麦贤得靠着顽强的毅力，战胜了一个又一个困难。他的光辉形象深深地烙在我们心中，影响激励着我们不断前行。

## □史海钩沉

### 八六海战

1965年8月5日17时45分，人民解放军南海舰队接到通报：国民党海军两艘猎潜舰由台湾左营港出航。

8月5日21时至24时，人民解放军参战各编队舰艇分别起航，驶往预定歼敌海区。6日1时42分，国民党军海军"剑门""章江"两舰凭借其火炮射程远，先向我护卫艇开炮。人民解放军海军突击编队连续两次突击和抵近射击，压制了敌舰炮火，将两敌舰分开。

敌舰"剑门"号一面还击，一面向东规避；"章江"号被四艘护卫艇紧紧咬住，人民海军护卫艇从500米外与敌同航向射击，一直打到100米以内。"章江"号中弹起火，慌忙逃窜，人民解放军海军突击编队第589、601艇加速堵击，611号艇勇猛追打"章江"舰。但这时611号艇正好位于己方艇队与国民党海军"章江"号舰之间，在猛烈的炮火中，误被己方炮弹击中。接着又被"章江"号击中，人员伤亡过半，3部主机被打坏，前舱进水。但611艇仍坚持战斗。轮机兵麦贤得头部被弹片击中，失去知觉。当他苏醒后，以惊人的毅力顽强坚守在主机旁边。在前面堵击"章江"

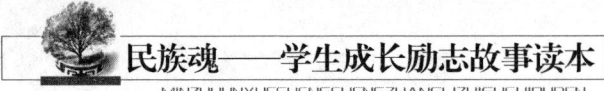
号的601艇，也中弹4发。艇长吴广维头部中弹倒在指挥位置上，还连连喊"打"直到英勇牺牲。王瑞昌立即接替指挥，继续战斗。敌舰"章江"号在人民海军艇队的攻击下，此时已遍体鳞伤，失去抵抗能力，起火爆炸，于3时33分沉没于东山岛东南约24.7海里处。人民海军突击编队第611艇自航返回基地。击沉"章江"号后，经总参谋部批准，人民海军编队于3时43分对"剑门"号实施攻击。5时10分接敌后，各舰艇集中火力猛烈射击，"剑门"号当即中弹起火。5时20分，解放军编队快艇第二梯队在高速护卫舰的掩护下，接敌2~3链施放鱼雷，命中3发，"剑门"号随即沉没。

此次战斗，自解放军海军艇队出航到返回基地，历时12小时45分，与敌战斗持续3小时43分，取得了中华人民共和国成立后人民解放军海军最大一次海上歼灭战斗的胜利。

□文苑荟萃

## 《感动中国》栏目

《感动中国》作为中央电视台倾力打造的一个精神品牌栏目，创办于2002年。它以评选出年度具有震撼人心、令人感动的人物为主打内容。

过去几年间，《感动中国》节目向全国观众推出了60多位人物，其中有徐本禹、高耀洁、田世国、丛飞、王顺友等来自民间的杰出人士，有成龙、濮存昕、刘翔、姚明等光彩照人的明星，也有钟南山、袁隆平、桂希恩、黄伯云这样的睿智学者，每个人物身上都有让观众感到心灵震撼的精神力量。《感动中国》也因此被媒体誉为"中国人的年度精神史诗"。

# "中国的保尔"罗健夫

> 罗健夫（1935—1982年），湖南省湘乡人，中共党员，原航天工业部771所工程师。2009年9月14日，被评为"100位新中国成立以来感动中国人物"之一。

1950年，距离初中毕业还有一学期时，罗健夫便带头报名参了军。在部队，他充分利用业余时间，系统地学习了初中剩下的以及高中三年的全部课程。1956年，罗健夫考入西北大学原子物理系原子核物理专业。大学期间，他不仅学习成绩出类拔萃，工作积极性也很高涨。1959年4月14日，罗健夫光荣地加入了中国共产党。1960年，罗健夫完成了大学的全部学业。毕业后，他先后在母校担任教师，在西安电子计算机技术所及骊山微电子公司担任工程师。1962年12月调至中国科学院西北计算机所。

1965年，罗健夫开始研究微电子技术。1968年，他参加了北京电视机厂的技术攻关协作。1969年，罗健夫作为课题组组长，主持研制图形发生器。图形发生器是大规模集成电路的关键设备，当时在我国尚属空白。在他的主持领导下，全组同志夜以继日、废寝忘食地工作，终于，在1972年、1975年，第一台"图形发生器""Ⅱ型图形发生器"被先后研制出来，不仅填补了我国电子工业的一大空白，同时也为我国的

航天工业做出了重大贡献。1975年，罗健夫被调往原航天工业部771所工作。1978年，他获得全国科学大会奖。

1980年10月，正当罗健夫投入全部精力进行"Ⅲ型图形发生器"的研制工作时，突然病倒了。经过医院的诊断，罗健夫已罹患淋巴癌，并且已经到了晚期。面对突然逼近的死神，罗健夫并没有惊慌，反而强烈要求返回工作岗位，继续他没有完成的工作。他强忍着癌症带来的痛苦，一头扎进了资料堆中，继续反复修改"Ⅲ型图形发生器"各项内容，力求完美。1981年10月，罗健夫独立完成"Ⅲ型图形发生器"的全部电控设计。

1982年4月，罗健夫的病情愈发严重起来，不得已住进了医院，但他却拒绝组织派人来照顾他的好意。面对迅猛而来的疾病，罗健夫不仅没有被打倒，反而以一种强硬的姿态，以一种更加顽强的拼搏精神和乐观向上的态度泰然处之。在面对死亡随时都会席卷而来的时刻，即便他的身体已经十分虚弱，死亡随时可能降临，他还是经常劝慰同室病人要树立起战胜疾病的信心。

1982年6月16日，罗健夫因淋巴癌已达晚期，全身都已发生癌变，胸骨酥软，医治无效而死亡，享年47岁。1982年下半年，《工人日报》《光明日报》等报刊相继刊登了罗健夫的生平事迹，并号召全国人民向他学习。很快，他的事迹便在全国人民，特别是在广大知识分子中引起了极大的反响，成为新一代知识分子争相学习的楷模和榜样。1983年，国务院追授罗健夫"全国劳动模范"荣誉称号。

罗健夫平时最爱阅读的小说就是《钢铁是怎样炼成的》。他时时将主人公保尔作为自己学习的榜样，身体力行，忘我工作，从不计较个人的得失利害，时时处处以党员的行为准则要求自己。"党和人民的事业是最崇高、最有意义的，在它面前，个人的一切都显得那么渺小！"这是罗健夫常常挂在嘴边的一句话，而他也确实这样做了：在临终前的一个夜里，上厕所时，他仍然是自己爬过去的。在那个时候，他想到的是：我现在唯一能做的，就是不给同志们添麻烦。

对待工作，罗健夫兢兢业业，脚踏实地。在攻关的日子里，他每天用来睡觉的时间只有四五个小时，全部的业余时间（有时甚至包括吃饭时间）都用来翻阅资料、刻苦学习或是思考设计。为了事业，罗健夫将自己的生活简化到不能再简化的地步，甚至身上穿戴的仍然是当年在部队的旧军装，几乎30年不曾添置过一件新衣，家人为他添置衣物的钱也常常被他用来买各种各样的科研用书。

对于个人的待遇、荣誉和地位，他完全置之度外，甚至多次自动放弃评聘高级职称和提升干部的机会，婉言谢绝了想要吸收他为中国电子学会成员的邀请，就连颁发的奖金也都分文不收。他全部的心思都已经扑在了研究上。虽然他是 I、II、III 型图形发生器的课题负责人、主要设计者和研制者，可是在呈报科研成果时，他却要求不署自己的名字，3000元的奖金一分也没有取走。他被同事们誉为"中国式的保尔"。

罗健夫就是这么一个朴实无华的人，透过他瘦弱的身体，我们看到了一种强大的精神力量，共产党员的光辉，一心为党为民的赤诚。在得知病情时，他完全可以放手将工作移交于他人，可是他没有，强烈的责任心驱使他继续走下去。

## □ 心灵物语

罗健夫以顽强的毅力克服重重困难，把自己的一切都献给了国家，献给了党，这就是罗健夫一生的追求。"中国式的保尔"，罗健夫当之无愧。

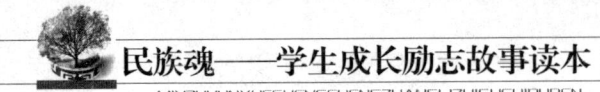

 # 陈潭秋为党勇往直前

陈潭秋（1896—1943年），名澄，字云先，号潭秋。湖北省黄冈县（今湖北省黄冈市）人。中共党员，杰出的无产阶级革命家，一生都在为党的事业四处奔波。1943年在新疆就义。

1896年，陈潭秋出生于湖北黄冈一个书香之家。他祖父是当地名流，到父辈时虽家道衰落，但还有能力供他上新式小学。之后，他进入武昌省立一中求学。在中学和大学期间，陈潭秋善思辨、广交友，探讨改革教育、改造社会等问题。他常到校图书室阅读《新青年》《每周评论》和李大钊《庶民的胜利》等书刊。同时因他五哥是参加过辛亥革命的同盟会会员，陈潭秋受其革命思想影响，积极参加各类学生运动。他曾表示："我定要正直为人，为民众办事终身！"

在五四运动中，他是游行的带头人，并被推选为武汉学生代表之一，到上海联络各地学联。1920年初，他与董必武创办武汉中学，作为培养革命人才、开展革命活动的据点。他还给学生灌输马克思主义，并建立社会主义青年团。同年秋，董必武在武昌抚院街寓所里秘密召集陈潭秋等人，成立了共产主义研究组，这使他在思想上接受了共产主义。

大学毕业后，他担任了湖北人民通讯社记者，并到董必武主持的武汉中学兼任英语教员。1921年初，他和刘子通、黄负生等人共同创办

《武汉星期评论》，并在《武汉星期评论》上先后发表《"五一"略史》《赶快组织"女界联合会"》等文章，阐明"劳动者，就是世界的创造者，就是我们人类生活的维持者"，要求工人阶级联合起来，反对"这样昏沉的中国"统治者，大造革命舆论。7月，他出席了党的一大。

1923年2月，他发动与领导武汉各工团、学生组织，支援京汉铁路工人罢工斗争，事后他遭通缉，转赴安源从事职工教育，并以高师附小教员身份掩护革命活动。同年9月，他被任命为中共武昌地方委员会委员长，在湖北城乡积极发展党的组织，领导工农群众运动。同时，协助董必武，为国共合作做了大量工作。

1925年五卅惨案后，革命陷入低谷，陈潭秋与董必武领导武汉各界举行万人反帝爱国游行。1926年7月至1927年6月，陈潭秋任中共湖北区执行委员会组织部部长，兼武昌地委书记。这期间，他主办了"北伐宣传训练班"，主编中共湖北区委机关刊物《群众》，发表了《湖北农工商学联合会成立之意义及其工作》《审判陈刘诸逆》等文章，作《中国民族运动史》《武汉社会状况》《帝国主义侵略中国之实》等演讲，热情讴歌革命的群众运动，控诉帝国主义、大小军阀和蒋介石屠杀人民的罪行。八一南昌起义前夕，他奉命到江西，转入地下工作，领导群众，配合南昌起义。

1929年10月，陈潭秋调任中共中央组织部秘书长，协助周恩来处理组织部日常事务。1930年6月，在中央政治局扩大会议上，陈潭秋被补选为中央委员。之后，他被派往沈阳，化名孙杰，任中共满洲省委书记，负责纠正"立三路线"的错误，从而在思想基础上保证了革命活动的顺利进行。12月7日，他在哈尔滨被捕，被判处四年徒刑。在这四年里，他以惊人的毅力应对一切困难，坚贞不屈，坚持保守党的秘密。后经党组织营救出狱，返回上海。1934年1月，他出席中华苏维埃共和国第二次全国代表大会，被选为大会主席团成员、中华苏维埃共和国临时中央执行委员会委员，并任中央政府粮食委员等职。

自1937年起，中国共产党从抗日的大局出发，陆续派出干部到新疆工作，帮助新疆军阀盛世才制定"反帝、亲苏、民平、谨廉、

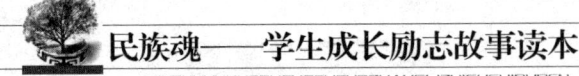

和平、建设"的六大政策，使新疆的经济文化建设得到较大的发展，陈潭秋也在其列。然而，国际上德苏战争爆发，日本的关东军蠢蠢欲动，多次在中国东北、内蒙古的中苏边界向苏军挑衅。在国内，蒋介石发动了第一次反共高潮，国共合作面临破裂的危险。面对国际国内形势的变化，盛世才露出反动的真面目，不断制造事端，恶化与中国共产党和苏联的关系。

陈潭秋正是在这个恶劣的政治环境中，根据中共中央关于"坚持抗战，反对投降；坚持团结，反对分裂；坚持进步，反对倒退"的方针，与盛世才进行了艰苦而坚决的斗争。他首先重点抓"新兵营"的军事训练，给战士们上政治课、党课，讲党的历史，提高他们的军事技能和政治觉悟，鼓励大家学习国际共产主义战士季米特洛夫在敌人法庭上大义凛然的英雄气概，学习夏明翰烈士追求真理、宁死不屈的献身精神，坚定了同志们的革命信念。

到1940年初，在陈潭秋的周密安排下，"新兵营"300多名指战员安全到达延安，为前线充实了指挥人才和战斗力量。陈潭秋始终坚守战斗岗位，处龙潭虎穴而不惊，体现出一名共产党员高度的组织纪律性和大无畏的革命精神。陈潭秋不仅注重政治斗争，同时也注重革命宣传。他把《新疆日报》作为宣传马克思主义、宣传中国共产党抗日民族统一战线政策的阵地，亲自审定报社的工作计划，并大量采用新华社和塔斯社的电讯稿，指出中国只有团结抗日才有出路。陈潭秋还亲自撰写重要的文章和社论，对盛世才的"反共反苏"阴谋予以揭露和批判。

1942年夏，盛世才公开走上反苏反共道路，党中央同意在新疆工作的共产党员全部撤离。陈潭秋把自己列入最后一批，表示："只要还有一个同志，我就不能走。"1942年9月17日，他不幸被捕。敌人接连数日对陈潭秋施以酷刑，逼迫他"脱党"，他拒不屈服。盛世才恼羞成怒，于1943年9月27日深夜，将他与毛泽民、林基路秘密杀害。陈潭秋英勇就义时，年仅47岁。

## ■心灵物语

为了党的事业，为了崇高理想，陈潭秋勇往直前，永不退缩。这让我们更加深切地感受到革命先烈坚忍不屈的毅力，感受到了鼓舞我们前行的力量。它必将成为铸就我们品质的基石，指引我们前进的方向。

## ■史海钩沉

### 五卅惨案

1925年5月28日，中共中央根据运动发展形势，决定进一步动员群众开展反对帝国主义的政治斗争。5月30日，上海学生2000余人在租界内散发传单，发表演说，抗议日本纱厂资本家镇压工人大罢工、打死工人顾正红，声援工人，并号召收回租界，被英国巡捕逮捕100余人。下午万余群众聚集在英租界南京路老闸巡捕房门前，高呼"打倒帝国主义"等口号，要求释放被捕学生。英国巡捕竟开枪射击，当场打死11人，被捕者、受伤者无数，造成了震惊中外的五卅惨案。

五卅惨案的消息迅速传遍全国，各大城市纷纷罢工罢课，声援上海人民的反帝斗争，从而形成了更大规模的反帝爱国运动，严重地打击了帝国主义，大大地提高了中国人民的觉悟，揭开了大革命的序幕。

## ■文苑荟萃

### 陈潭秋故居

陈潭秋故居在湖北省武昌都府堤20号（今江汉大学武昌分校内）。1922年秋至1923年春、1924年夏至1927年夏，陈潭秋在武汉从事革命活动时在此居住。

1983年，在故居的基础上，建成陈潭秋烈士纪念馆。在纪念馆二楼复原了陈潭秋卧室，布置了"陈潭秋革命活动陈列"。

#  李聚奎孤身千里寻红军

李聚奎（1904—1995年），原名李新喜，湖南安化人。中国共产党的优秀党员，久经考验的共产主义战士，无产阶级革命家、军事家，中共中央原顾问委员会委员，中央军委原顾问。1958年被授予上将军衔。荣获一级八一勋章、一级独立自由勋章、一级解放勋章。1988年7月被授予中国人民解放军一级红星功勋荣誉章。李聚奎是党的第七次、第十二次、第十三次全国代表大会代表，中央军委委员，第二届、第三届国防委员会委员，第四届、第五届全国人民代表大会代表和常务委员会委员。

1936年12月，李聚奎奉命接任红军西路军第九军参谋长。此时，西路军已身陷绝境，九军也已损失过半，元气大伤。鉴于西路军的困境，中央要求他们伺机东进，而西路军军政委员会主席陈昌浩坚持西进新疆，争取国际援助，使西路军在困境中越陷越深。

1937年3月11日，九军为掩护西路军向祁连山撤退，在黎园口阻击马匪部队。数万马匪军像潮水一样涌向九军，经过一场血战，身为参谋长的李聚奎带着一支全员受伤的队伍开始撤退。经过几天的疾行，有人掉队，有人离散，有人牺牲，这支队伍仅剩三四百人。

时已初春，地处西北高原的祁连山却冰封雪冻，人迹罕至，飞鸟无踪。这支三四百人的小部队艰难地向东行进，前后拉得很远。李聚奎等走在队尾，一面负责收容掉队人员，一面鼓励大家继续前进。天黑，路险，风寒，人疲。走着走着，他们就和部队失去了联系，天亮了还没有追上。敌人又开始搜山了，李聚奎他们只好疏散到树林里隐蔽。极度的饥渴、劳累，使人像散了架子似的，倒在地上就睡着了。醒来时，已经到了下午。李聚奎一看，周围只有朱良才、方强、徐太先等十来名将士。

他们又在巍巍的祁连山与敌人周旋了四天，没有粮食，只好把战马杀了，连骨带肉架在火上烤一下带着血吃；没有水喝，就吞一把积雪，啃一口冰凌……

拂晓，他们摸到山脚下一个叫水源的村子附近，发现村里驻有敌人。天色渐明，无处隐蔽，只得又回山上。爬到半山坡，他们坐在一块枯草坪上喘息一下。李聚奎提议：敌人白天可能搜山，大家还得往高处爬，疏散隐蔽到石缝草丛间，天黑后再来这里集合。

大家三三两两地散去。李聚奎带着警卫员爬到山尖尖，那里兀立着一块硕大的岩石，岩中凹部长有几株小树。他俩翻进凹部贴树站着。

下面敌人搜山的马嘶声、人吼声、零星的枪声，一直闹腾到日头偏西。黄昏，李聚奎和警卫员两人回到半山坡的枯草坪，左等右等却不见其他人。四处寻找仍不见踪迹。后来得知，其他同志已被敌人搜捕去了。

望着广袤的苍穹和白雪覆盖的祁连山，李聚奎流下了伤心的眼泪。

在这凄风阵阵的祁连山上，李聚奎只有一个念头：太阳有落有升！西路军失败了，但革命还在进行，党中央还在，河东的红军还在，他要回到河东去，找党中央去！找红军去！

想到这里，李聚奎热血沸腾。他站起身，带领警卫员迈开大步，向着东方，向着太阳升起的地方走去！

祁连山下的一个村子边，李聚奎两人在一独立的小屋前停住了脚步。依他的推断，那些孤零零甩在村边的小屋，一般都是穷苦人家。轻轻叩开门，一位身穿破羊皮筒子的老乡把他俩让了进去，又盛来两碗稀饭。老乡说："马家军盘查得正紧，见到红军就抓，你们这样走可不行。"

"我们穿军装走路不方便，能不能换身衣服？"李聚奎试探着同他商量。

"我家穷，这衣服太脏了。"老乡看看自己飞花绽絮的破羊皮筒，有些为难。

"没关系，越破越好。"

老乡拿出一身满是窟窿的皮筒子和一件光板子山羊皮大衣。李聚奎把棉军装和一件羔皮大衣留给他。老乡又给他一顶西北农民特有的毡帽。这一装扮，再拿上一根棍子，倒真像"叫花子"。

拂晓，两个"叫花子"到一座残破不堪的庙里歇脚，却碰见两个形枯骨瘦的人在抽大烟。那两人猜他俩是红军，热情地拉他们到家里吃饭。于是他俩跟着其中一个去了他的家。

饭毕，李聚奎两人刚要道别，那人却拦在门前道："二位跟我走一趟吧。"

"到哪儿去？"

"上马家去。"说着，那人掏出张纸一晃又说："你们识字吗？"

李聚奎同警卫员交换了个眼色："不识字。"

那人把纸递到李聚奎眼前，提高了声调："好好看看，我是马家的副官，请事假回来的，跟我走一趟吧！"

李聚奎向纸上扫了几眼，什么副官，上面明明写着因违反马家军纪被开除，这家伙是在敲竹杠啊。李聚奎就对他说："这样吧，我身上只有两块钱，给你一块，你放我们走。"这是李聚奎个人积存的伙食尾子。

李聚奎示意警卫员先走，因为他的脚冻坏了，行走迟缓。他做好同那家伙拼命的准备，一旦再拦阻，就给他一棍子。这个马家"副官"看他们确实没有什么油水可榨了，伸手将两块钱一把抓去，放他们走了。

警卫员的脚烂得实在走不动了。晚上，李聚奎扶他进了一户穷苦人家，这家老乡同情红军的遭遇，冒着风险收留了警卫员。

李聚奎独身行乞，一直向东。马家军沿整个河西走廊撒开了一张密实大网，派出许多骑兵分队搜捕红军，不少人被捕，惨遭杀害。为防万一，李聚奎清理了身上的东西，做好了牺牲的准备。这时，他身上只剩下一支没有子弹的手枪、一枚二级红星奖章和一个指北针。枪是从敌人手中夺来的，不能让它重落敌手，他把空枪拆散，把零件一个个丢进山沟；红星奖章是红军光荣的象征，绝不能让敌人玷污它，他便藏在一个树洞里；指北针是第四次反"围剿"时缴获敌师长李明的，他要找党、找红军离不开它，李聚奎用它判明方位后，把它塞进皮袄的破洞里上路了。沿着河西走廊北侧向东走，路过岩石裸露的山地，路过寸草不生的戈壁滩，路过卧龙般蜿蜒起伏的古长城，昼伏夜行，向东方行进、行进！

这天黄昏，李聚奎比往日提早动身，以古长城为屏障匆匆赶路。前面要拐弯了，如果那边有敌人就会当面撞上。他立刻向路旁的沟里跑去，刚到沟底，转弯处就来了五个骑兵。李聚奎弯下腰假装拔草，敌兵看了看，未加盘问走开了。以后，李聚奎尽量小心地避开大路，专从小道走。

一次，他路过一个村口，猛然间两个敌骑兵顺着大道而来，若退避躲闪必然引起怀疑。他转眼看见身旁地里有头毛驴，急中生智，装作赶毛驴，边赶边跑开了。

再往东，敌人搜索没那么严了，他有时白天也会赶路。一天，他走近一羊群附近，忽见西边烟尘滚滚，由远而近。他问牧羊人："后面是不是来了骑兵？"

牧羊人看看西边，又看看他，说："是马家队伍来了，你快走吧。"

李聚奎对他说："不要紧，请你把羊往南赶一下。"

两人一起赶着羊群，才离开大道二三百米远，敌人马队疾驶而过，李聚奎第三次脱险。一个多月后，李聚奎风餐露宿，终于来到黄河边。他意外地遇到红三十军的三个战士，便结伴而行。在一位勇敢淳朴的船夫帮助下，他们藏身船底，渡过了黄河，继续往东走。

走进一年前党中央和红军总部驻地的打拉池，墙上残留的标语跃入眼帘："中国人不打中国人！""停止内战，一致对外！""红军万岁！"

李聚奎心中顿时像燃起了一团火，他仿佛又看到了一年前那红红火火的场面。他精神大振，不由得加快了步子。

他从打拉池继续向东，按照去年红军活动的地方，四处追寻红军的踪迹。经六盘山以北的海原、固原地区，横穿宁夏，来到陇东的镇原境内。

一天晚上，李聚奎借宿在一个骡子店里，同四个赶毛驴做生意的人

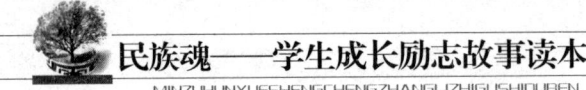

睡一个炕。睡前，那四人兴奋地议论不休："奇了，驻在王家洼子的军队真好，买卖公平，不扰商人。""从来没有见过这样好的军队。"

李聚奎心头一亮，凑上去问是什么队伍，回答说："是红军，是红军二十八军一团。"

他压住心头的狂喜，又有意问了一句："红军不为难过路的人吧？"

"不为难，好得很呐，你放心吧。"

"此地离王家洼子有多远？"

"整整100里，我们昨天才从王家洼子动身来的。"

近两个月来，李聚奎第一次听到红军的确切消息，真高兴啊！他恨不得一步跨过这100里地。第二天，鸡才叫头遍，天还黑洞洞的，李聚奎就早早起身，匆匆赶路。他一鼓作气走到夜里，赶到了王家洼子。

李聚奎苦行千里，历尽艰险，凭着一个指北针，怀着对革命的赤胆忠心，凭着惊人的毅力，终于回到了党的怀抱，回到了红军。

## ■心灵物语

李聚奎怀揣着忠于党的信念，孤身千里，李聚奎惊人的举动非常人所能办到，那不仅是他超乎寻常的毅力和决心的体现，更是他对党和红军事业的执着追求。

## ■史海钩沉

### 为我国石油事业奋斗

1955年7月，我国成立石油工业部，李聚奎任部长。在石油部工作期间，他坚决落实毛主席亲自面授的用"革命加拼命"的精神抓石油工业的指示，在组建部机关的同时，带领干部、专家、工程技术人员奔赴大西北，风餐露宿，艰苦奋斗，创建了克拉玛依油田，并先后筹备、组建了松辽石油勘探局、华东石油勘探局和华北石油勘探处等，全面加强石油勘探和生产建设工作，为大规模开展我国的石油工业奠定了良好的工作基础。

## 第四篇
# 有探索终有所获

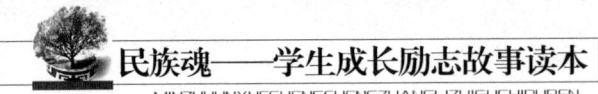

 # 冯理达对中国医学的贡献

冯理达（1925—2008年），出生于天津。是我国著名爱国将领冯玉祥和新中国第一任卫生部部长李德全的长女。早年就读于重庆南开中学，并于1943年毕业。1947年参加工作，1973年3月入伍，1975年12月加入中国共产党。1987年2月被评为主任医师，1999年12月晋升为专业技术二级。

冯理达的父亲是著名的爱国将领冯玉祥，母亲李德全曾任中华人民共和国第一任卫生部部长。冯理达从小一直跟随在父母身边，受过良好的熏陶。

冯理达始终记着父亲的教诲："要紧的是学本事、学能耐，要先自己能站立得定，然后尽力地帮助别人。"父亲是这样说的，也是这样做的。

1948年，冯玉祥将军与世长辞。为了冯玉祥生前未竟的遗愿——学习深造，为国家贡献自己的力量，冯理达留在苏联继续学业。

1957年，冯理达在苏联列宁格勒医学院读研究生时，正值列宁格勒市为十月革命40周年献礼，下决心要消灭白喉。冯理达当时正研究白喉免疫，她想起自己曾向一位老中医杨生济学的中医医理药理和针灸，于是，冯理达把这些纳入了攻坚领域。冯理达成功了，她的论文被破格提升为博士论文。《红星报》《真理报》相继对她的贡献做了长篇报道，列宁格勒市卫生局长什洛缅策娃请她为苏联医务人员讲课……祖国传统医学给冯理达带来了成功的喜悦，同时也使得她对中医产生了更浓厚的兴趣。

冯理达学成归国后，先在中国医学科学院微生物学流行病学研究所工作，1972年起到海军总医院搞免疫学研究。一件偶然的事情，使冯理达与气功学结下了不解之缘。

1976年，与冯理达相识多年的老同志高文彬，因病住院做开胸手术，结果发现已是肺癌晚期。主刀的医生没有继续进行手术，刀口被重新缝合，病人默默离开医院。一年后，高文彬面色红润，步履矫健地回到医院，再次检查，结果是：癌转移被控制住了，大量癌细胞被杀死了。据高文彬讲，这是他跟一位姓郭的老太太每天在公园里练气功的结果。当时许多人都无法接受这个事实，有的人认为当初诊断有误，有的人则认为是开刀增强了病人免疫机制……深谙中医医理药理的冯理达看出了端倪。她翻阅了高文彬全部病历，认真辨别；拜访了郭老太太，详细询问了高文彬练功前后的状态。经过认真细致地调查研究之后，冯理达决定向气功领域进军。顶着外界的冷嘲热讽，在缺资金、缺材料、缺设备、缺人员的情况下，冯理达带领几名工作人员认真地干了起来。

本着"科学、客观、重复"的原则，冯理达采用西医最正统的研究方法。她坚信，用现代化仪器严肃认真地研究，一定能揭示气功中蕴藏的科学内涵，从而使中华气功承前启后，焕发出新的光彩。冯理达带着几名工作人员兢兢业业、一丝不苟地工作，为了取得准确的结果，所有试验都严格按国际标准进行。

惊人的劳动，辛勤的汗水，浇灌出了累累的果实。经过十余年的艰苦奋斗，冯理达完成了科研课题数十项。她首先提出了中国免疫学、中国气功学、免疫物理学、气功免疫学等许多新的学科思想，并对我国气功事业及传统医学的发展发表了一系列论述，为推动我国传统医学和气功事业沿着健康轨道发展起了关键性的促进作用。

## ■心灵物语

　　冯理达以坚定的信心、顽强的毅力投身于医学事业。在佩服她的同时，我们也该向她学习，用"坚毅"的精神要求自己，不断奋斗。

## ■史海钩沉

### 冯理达治白喉病

　　1957年，冯理达在苏联列宁格勒医学院攻读免疫学研究生时。列宁格勒市白喉病流行。她主动请缨，担任该市白喉病防治负责人。她创造性地运用针灸、中药与西医相结合的方法进行防治，使当年列宁格勒市白喉病发病率降到了零。

## ■文苑荟萃

### 气　功

　　气功（炁功）是一种以呼吸的调整、身体活动的调整和意识的调整（调息、调形、调心）为手段，以强身健体、防病治病、延年益寿、开发潜能为目的的身心锻炼方法。气功的种类繁多，主要可分为动功和静功。动功是指以身体的活动为主的气功，如导引派以动功为主，特点是强调与意气相结合的肢体操作。而静功是指身体不动，只靠意识、呼吸的自我控制来进行的气功。

 # 医界"铁人"钟南山

> 钟南山（1936—），1960年毕业于北京医学院，1979年到英国进修。中国工程院院士，中国医学科学院学部委员，中国抗击非典型病原体肺炎、新冠疫情的领军人物。曾任广州医学院（现广州医科大学）党委书记、院长及第一附属医院院长，中华医学会会长，呼吸疾病国家重点实验室主任、国家卫健委高级别专家组组长、国家健康科普专家。

2003年，一种恶性传染病非典型性肺炎出现在中国。

钟南山，广州医学院第一附属医院呼吸疾病研究所所长，开始了与病毒的较量。

当时，钟南山已经60多岁了，但他不顾年事已高，凭借自己多年的经验，一直坚守在工作第一线上。

2003年1月的一天，一位刚转送来的病人出现了严重的呼吸窘迫综合征，生命危急，钟南山坐镇指挥：先经鼻插管，然后接上呼吸机，再选择合适的通气参数，同时注意对可能受到影响的器官进行监视。遇到危急情况，钟南山甚至亲自动手救护。

由于劳累过度，钟南山病倒了，出现了感冒发热、全身乏力等症状。医院为了保护他，强制他回家休息。但休息不到两天，他又强撑着回到了工作岗位，连续工作了38个小时。休息时间少，工作强度大，钟南山再次病倒。

整个2003年的春节期间，钟南山几乎都在医院里陪着病人度过。

钟南山是个"铁人"，对于扑朔迷离的非典型病原体肺炎，他一方面心急如焚，另一方面却非常兴奋。对于一个医学家来说，遇上一个"千载难逢"的难题无疑是"幸"事。于是，能及早找出病因，找到治疗非典型病原体肺炎的有效方法成了他最大的心愿。钟南山根本不在乎自己年事已高，也不怕被感染，始终忘我地钻研着。

探索的道路总是艰辛的，钟南山经常夜不能寐，书房的灯光亮彻通宵。同事们怕他再次累倒、病倒，劝他不要这样拼命，可他却说："不找到解决问题的办法，我一天都无法安心。"这种执着不仅体现了一个医学专家对人民群众的深情厚爱，同时也表现了一个学者凭着顽强的毅力，对真理、对科学不断的追求态度。

经过大量的临床研究，钟南山和他的助手们终于摸索出了一套行之有效的治疗方法：用针对性的抗生素来缓解病情。用这一方法治疗，使多数危重病人的病情趋向好转，早期患者已康复出院。

虽然临床治疗已见成效，但病原体的寻找迟迟没有突破。寻找病原体不仅仅意味着一种医学上的突破，更重要的是对病人负责。在强烈的职业责任感驱使下，钟南山毫不放松对病人进行密切观察，并通过互联网查找资料、联络相关专家等各种途径，积极寻找病原体。功夫不负有心人，经过几个月的临床检测及研究，专家们终于找到了病原体，制定了行之有效的治疗方案，非典疫情得到有效控制。

■心灵物语

面对难题，钟南山迎难而上，以惊人的毅力和恒心不断探索，不断奋斗，终于攻克难关，为人类的医学事业做出了巨大贡献。

■史海钩沉

### 钟南山荣获抗击非典特等功

钟南山为抗击SARS所做的一切，为他赢得了"抗击非典第一功臣"的美誉。2003年6月，广东省举行了"抗击非典表彰先进大会"，钟南山被授予唯一的特等功。他还荣获了2003年全国五一劳动奖章、"中国医学基金会华源医德风范奖"。2005年，钟南山当选中华医学会第二十三届会长。

■文苑荟萃

### 钟南山的"五干精神"

首先要肯干，永不满足。钟南山在华师附中读初二时，一位语文老师对他说过一句话，影响了他一生："人不仅生活在现实中，也要生活在理想中"。

其次是能干，是对能力的要求，对基本功的要求。

第三是善干，即要有凝聚力，调动发展的积极性。

第四是恒干，钟南山强调，大家一定要注意身体，这点非常重要，一个人的健康最重要，健康回不了头，没了健康什么都没了。

第五是敢干，有抗挫力，永不言败。钟南山说："我一生也受过很多挫折，已经刀枪不入了。"

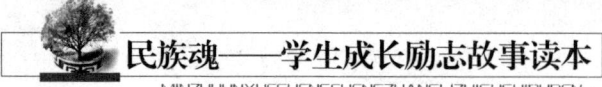

#  徒步走完长城第一人刘雨田

刘雨田（1942—），中国历史上第一位职业探险家。生于河南省长葛市，原是新疆乌鲁木齐铁路局机关的一名干部。

面对外国人的挑战，1984年5月，刘雨田毅然舍弃一切，开始徒步万里长城。经过一年多的艰苦跋涉，刘雨田完成壮举，成为世界上第一位徒步走完万里长城的人。之后，他又徒步走完丝绸之路、黄土高原、新疆罗布泊，攀登格拉丹冬和昆仑雪山，考察神农架野人、喜马拉雅雪人、绒布冰川，沿喜马拉雅山和雅鲁藏布江旅行，试登珠穆朗玛峰，三次穿越死亡之海塔克拉玛干、古尔班通古特等中国五大沙漠。

塔克拉玛干沙漠的穿越让他记忆犹新。

刘雨田进入大漠腹地，脚步蹒跚，形如枯槁，身上、手上、脚上是一条一条干裂的血道子，苍蝇、蚊子闻腥而来。水尽粮绝，饥渴难忍，苍蝇、蚊子、蜘蛛、甲壳虫、蚂蚁和四脚蛇，都成了他捕食的对象。他说苍蝇好吃，有淡淡的甜味；蚂蚁难吃，臊得很；蜘蛛吃了没啥感觉。这些大自然的小生灵，竟成了这位探险家延续生命的食物。他开始喝自己的尿，一次、二次、三次，到第四次时，尿液也没有了。沉寂的塔克拉玛干腹地，刘雨田躺在温温的黄沙中，面朝深邃虚幻的苍穹……他想写"遗书"，想给父亲买瓶茅台酒，要儿女记住他是活活饥而渴死的，以后清明节上坟时不要忘记带一瓶清水。

在断粮断水的第七天，刘雨田找到了一种叫大芸的植物，拔起来连根带皮狼吞虎咽起来，一顿大嚼之后，体内获得了一些水分。尽管大芸吃多了有中毒反应，嘴发麻，但他也顾不了那么多了。使他绝处逢生的是，他竟用已不会流血的十指挖出了一口井。第一碗水浑如泥汤，但他还是不假思索地一饮而尽，他再次获得了坚持下去的勇气和信心。

1987年11月，刘雨田经过休息和补充后，再次穿越塔克拉玛干沙漠。1988年1月27日，经过无数艰难险阻，终于到达北岸沙雅县。他哭了，满脸泪水。他对着沙漠高吼："塔克拉玛干，你不再是死亡之海！"

至今他已经完成43个旅行探险考察项目，足迹遍及祖国大陆的山山水水。世界数百家报刊、电视台报道了他的探险事迹，称他为"20世纪世界罕见的旅行家、探险家"。

风风雨雨，他只身闯大漠，走戈壁，攀险山，涉大河，用自己的血水、泪水和汗水为祖国填补了一个又一个的探险空白。

生生死死，他用自己的双手拍摄了1万多张照片，写下了200多万字的探险日记，内容涉及政治、历史、地理、文学、哲学、艺术和考古等多个领域。他的几部作品已陆续发表，曾多次获得全国大奖，有的还作为爱国主义教材选进初中课本，如《长城漫记》《丝路纪行》《神秘的罗布泊》《穿越死亡之海》《世界第三极探险记》《探险生涯》等。

□ 心灵物语

一年四季，不论严寒酷暑，一直在探索、在奋斗。芸芸众生中，像刘雨田这样坚毅顽强、矢志不移的人并不多。刘雨田的探险考察行动令人佩服，他教会我们什么是勇气与毅力。

■史海钩沉

## 刘雨田历险"甩掉"败血症

刘雨田在单人穿越古尔班通古特沙漠的过程中，几乎丢掉了自己的性命。在沙漠中，他生了病，浑身肿胀，高烧不退，双脚溃烂，靴子冻在脚上脱不下来。

他硬撑着在沙漠边缘找到一所医院。医生诊断他患上了"败血症"，建议截去双腿。刘雨田说什么也不同意，学过中医的他认为，在沙漠里得的病，只有在沙漠中才能治好。他备足了粮和水，叫了两位维吾尔族村民，让他们用红柳树条做成担架，把他抬到沙漠里去。

当时的气温已经达到零下40多度，医生说那样做等于送死，但刘雨田坚持要去。结果，他用自己独特的医疗方法和药物奇迹般地治好了自己的病。医生看着满腿瘢痕归来的刘雨田，一个劲儿地说：这怎么可能？

■文苑荟萃

## 塔克拉玛干沙漠

塔克拉玛干沙漠位于南新疆塔里木盆地，维吾尔语中，"塔克""塔格""博格达"的"达（克/格，轻声）"都是山的意思。"拉玛干"，准确的翻译应该是"大荒漠"。整个沙漠东西长千余公里，南北宽约400多公里，总面积33.76万平方千米，是中国境内最大的沙漠，世界第二大沙漠。

沙漠在西部和南部海拔高达1200~1500米，东部和北部则为800~1000米。有资料显示，塔克拉玛干沙漠是全世界第二大流动沙漠。塔克拉玛干沙漠被评为中国五个最美的沙漠之一。

 徒步考察西南丝绸之路第一人邓廷良

> 邓廷良（1943—），藏族。生于重庆，青海果洛人。历史学家、人文学家、探险家。四川省科学探险协会副主席，协会创始人之一。中国科学院研究员，主要致力于人类学、少数民族语言、文化、宗教与历史方面的考察与研究。

邓廷良是我国徒步全程考察西南丝绸之路的第一人，是研究"西南丝绸之路""茶马古道""横断山民族走廊"等领域的权威。30多年来，他策划了西南丝绸之路探险、黑竹沟科学探险等多项活动……他用坚实的双脚书写出中国探险家的坚毅形象。

他说，希望自己留在西部的每一个脚印，都能长出碧绿的小树。

邓廷良身材魁梧，"西藏红"的脸上始终挂着友善的笑容。他有着康巴汉子特有的豪爽、率真与刚毅。桀骜的头发直竖冲天，一边说话还一边咬着烟蒂，哈哈大笑时，脚"不自觉"地伸到了桌上。

这些举止似乎有些不符合邓廷良的头衔——四川省科学探险协会副主席，著名历史学家、人文学家，中国科学院研究员。

邓廷良1943年生于重庆。他现在从事的研究，充满了偶然。

11岁那年，邓廷良去松潘哥哥家玩耍，那里奇特的少数民族风情、茂密的原始森林，勾起了他的兴趣。从此以后，和猎户一起去打猎，踏访民俗，成了邓廷良最乐意做的事情。再后来，他做了乡村教师、中国科学院工作人员。

在西南师范大学历史系当老师时，邓廷良就一直渴望有机会去探寻西南横断山区的秘密。刚过"不惑"之年，他便做出一个"任性"的决定：徒步全程考察西南丝绸之路。为此，他卖掉了自己重庆市区的一套24平方米小屋，再搭上多年的积蓄……

这次沿西南丝绸之路考察人文地理的探索之旅，是真正的科学考察体验。一天60千米，有时还要停下来访问民俗风情，2000多千米长的西南丝绸之路，他竟然走了两年。很多时候，陪伴他的只有水壶的咣当声，"最孤独时，真想大声痛哭。有时候，实在受不了，就自己跟自己讲故事。"

他有牦牛一样的倔脾气，不相信古书所说的6月冷天气，只穿了两件衣服去考察，结果冻了个半死。辛苦归辛苦，一路下来，邓廷良获得了大量文史资料，后来他根据自己的考察经历写成了《西南丝绸之路考察札记》《西南丝路》《丝路文化》等多部著作。

有一天，他从米亚罗山上下来，到一个藏族人家"讨饭吃"。他惊奇地发现住户家墙上有一个牦牛头，后来他发表文章，指出不只是当地民族属于"牦牛部落"，还有其他民族。为了弄懂这个"其他民族"，以后的十年间，邓廷良奔赴西藏、云南等地考察，结果发现纳西族也是以牦牛为图腾的。

有时候，"邓牦牛"的倔脾气发作还想挑古人的毛病。海拔3300米的大相岭，古书上记载夏天下雪，冷彻心扉。邓廷良不信邪，穿了两件单衣就上去了。

"妈呀，还真的冷得很，冻得半死，跳着下山。"

西南横断山区浩如海洋的民俗文化，让邓廷良如痴如醉。他每年都有不少时间只身耗在雪山草地间，在旷野、丛林、河谷、山麓拜访犷悍、和蔼的部族居民。自20世纪60年代起，他先后在这些地区度过了十多个春节，有时甚至整年不归，人称"牦牛教授"。某年春节，他还在大渡河源头青海的柯河待了十来天。十多年前，他在那里进行过科考。十多年后再次来到柯河，一个强烈的印象是，那里更加荒芜了。

他用心血"记录"民俗，他说，后来的人们怕是不容易理解古老传统中那些深层的内涵。邓廷良对少数民族体育进行了研究，从一个崭新的角度发现，因纽特人酷爱的传统舞蹈与四川羌族的民间舞蹈"沙朗"有许多动作很相似，因纽特人的皮鼓样式和动作与西南和东北的古老民族的巫师法器也有相似性。文化的影响与传播有许多难解之谜，特别是在缺乏文字记载的史前时代。由貌似平常的文化现象入手，可层层揭示历史的内涵。

现代文明对古老民俗的影响巨大，"后来的人们，恐怕不容易理解古老传统中那些深层的内涵吧！"邓廷良叹息着。

## □心灵物语

凭着一双脚，怀揣一颗赤诚的心，邓廷良徒步考察西南丝绸之路。只有勇敢的人、有毅力的人、热爱大自然的人，才能欣赏到途中的美景，才能取得丰硕的成果。

## □史海钩沉

### 西藏自治区的成立

1965年8月25日，全国人大常委会第十五次会议批准国务院议案，通过关于成立西藏自治区的决议。

1965年9月1日，西藏自治区第一届人民代表大会第一次会议在拉萨举行。以当时的国务院副总理谢富治为团长的中央代表团参加了大会，并表示祝贺。大会于8日选举产生了西藏自治区人民委员会。阿沛·阿旺晋美当选为自治区人民委员会主席。周仁山、帕巴拉·格列朗杰等七人为副主席。9日，在大会举行的闭幕式上宣布西藏自治区正式成立。

# 长江漂流第一人尧茂书

尧茂书（1950—1985年），四川省乐山市人，出生在乐山市市中区。1985年于金沙江段触礁遇难。生前是西南交大电教室摄影员，他是第一位漂流长江的人。

在长江源头起伏险峻的通天河峡谷中，千万年来的寂静被一阵激越昂扬的四川号子打破了。从长江上游冲下一只红色橡皮船，船的两舷闪着五个金灿灿的大字——"龙的传人号"。一个身穿红色救生服的青年，手操双桨，严峻的目光注视着前面的激流，镇定自若地驾驶着橡皮船，在奔腾咆哮的江水中左突右奔，飞流直下。两岸峡谷的回声，呼应着高昂、苍劲的号子，让人觉得这不是一叶轻舟在孤行，而像是千舟竞发……

此乃何许人也，敢冒此天险？敢破万古纪录？

他的名字叫尧茂书。

尧茂书出生在四川省乐山市。茂书自幼生长在长江边，喜欢在激流中追波逐浪，对长江有着特别深厚的感情。年龄在增长，阅历在加深，他对长江的认识步步深化。他感到人们对长江了解得太少，他总想为长江做点什么……

1979年，尧茂书在美国地理杂志上看到关于日本著名探险家植树直己只身探险北极和漂流亚马孙河的报道后，对这位探险家的勇敢精

神钦佩不已。就在这时，他萌生了一个大胆的想法——漂流长江，探索长江！

尧茂书漂流长江的决心下定了，他马上投入到漂流的准备工作中：掌握有关长江各段的地质、水文、气候、风土人情的资料。他决定于1985年8月中旬到达长江源头，开始万里长江的漂流探险。

1985年6月12日10时，尧茂书穿过布满沼泽的草甸，越过雪峰山冈，在万里无人的高寒区行进了五日五夜，经过千辛万苦，终于到达了万里长江的源头。6月20日下午4点多钟，茂书将两边写着"龙的传人号"五个大字的橡皮船推下了水。第二天上午，他到达一个名叫桑地的峡谷。经过三天两夜的漂流，行程375千米，在23日中午到达了长江源头地区的第一个小村镇——沱沱河沿，完成了漂流计划的第一阶段。

7月2日，尧茂书再次下水，独自一人向长江通天河段行进。7月6日，他在途中稍事休息，下午，继续漂流，他设法闯过了烟障挂峡谷。7月7日晚，他宿在江中的一个小洲上。7月10日，他漂到七渡口。渡口以下便是通天河的下游了。江岸山峰并拢，江中峡谷险滩甚多，水势更大，茂书的漂流更加危险和艰难了。7月16日下午4时，尧茂书终于闯过了通天河，胜利完成了长江上段人迹罕至、气候极为恶劣的1187千米的航程，到达了青海省玉树藏族自治州的直门达。

7月23日上午10点47分，尧茂书告别了直门达，驶入了波涛汹涌的金沙江。这一天，尧茂书闯过了十几个激流峡谷险滩，晚上8时收船上岸，宿在山崖上。临睡前，他写下最后一天的漂流日记。7月24日，我们的漂流勇士尧茂书，在漂流金沙江上游的通珈峡时，因水流太急翻船身亡。

中国五千年历史中，第一位乘龙的英雄，中华民族又一位忠诚勇敢的儿子，为了祖国的尊严，为了"龙"的骄傲，献出了年轻的生命。

尧茂书离开我们去了，他在万里长江中找到了自己的归宿。他就像万里长江冰川源头上最初融化的一滴春水，汇进千流百川，变为滚滚波涛，以排山倒海、摧枯拉朽、不可阻挡之势，冲向大海，冲向世界……

## □心灵物语

尧茂书以超人的毅力，为我们留下了有关长江漂流的宝贵财富，成为一代青年的楷模。他的这一壮举并非出自偶然，除了坚定的信念，更重要的是具有坚忍不拔的精神。由此可见，毅力和勇敢是最可贵的品格。尽管他没有完成全程漂流长江的壮举，但有谁会说他不是一位成功者呢？

## □史海钩沉

### 尧茂书遇险

尧茂书遭遇过泥石流爆发，曾用一把匕首与狼群对峙。一次，他上岸拍摄，一头棕熊占据了橡皮筏，将筏上能吃的都吃了，不能吃的扔入江中。回到橡皮筏，哭笑不得的尧茂书只好饿肚子了。直到两天后，遇到游牧的藏族群众，买下糌粑和牛肉干才得以果腹。

## □文苑荟萃

### 漂流运动

漂流运动是一种漂流于水上，顺水流动的运动项目。漂流，曾是人类一种原始的涉水方式。漂流最初起源于因组特人的皮船和中国的竹木筏，但那时都是为了满足人们的生活和生存需要。

漂流成为一项真正的户外运动，是在二战之后发展起来的，一些喜欢户外活动的人尝试着把退役的充气橡皮艇作为漂流工具，逐渐演变成今天的水上漂流运动。

# "中国冰人"王刚义征服两极

王刚义（1956—2018年），中共党员。吉林省长春市人。1972年参加中国人民解放军，1978年以全省第三的成绩考入吉林大学哲学系，之后获哲学学士、法学硕士学位，被破格评聘为副教授。1991年初，离开吉林大学下海到大连从事社会实践。1993年4月赴美国创办了泰森国际集团公司并任总裁。1996年回国专职从事基层法律服务工作，创办了大连开发区中心法律服务所。2000年3月获中华人民共和国司法部颁发的《律师资格证书》。

挪威时间2006年7月27日，被称为"中国冰人"的大连理工大学教授王刚义完成了自己的又一壮举。他从挪威洪宁斯沃格市卡拉卡拉瓦岛北端位于北纬71°11′05″处的巴伦支海下水，在8℃的海水和巨浪狂涌中拼搏了58分35秒，创造了在北极海域此纬度此种海况游泳时间最长的纪录。

这也是王刚义在征服了南极海域之后，在地球的另一端完成的又一壮举。当时在场的挪威船长为王刚义签署了纪录证明。此后，中国驻荷兰大使还亲切接见了他，并对他的壮举高度赞赏。

北极冰泳是"中国冰人"王刚义的第六次挑战极限行动，也是他探险生涯的一个句号。

挪威洪宁斯沃格市北角位于北纬71°10′21″，是欧洲大陆的最北端。当地居民共有3500人，当地以夏季的极昼著称，吸引着世界各地的游客。王刚义一行人于7月25日亮如白昼的午夜抵达北角，开始了

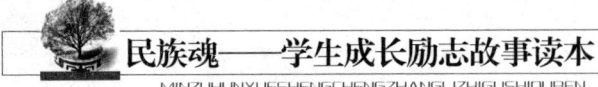

他的北极冰洋探险之旅。

挪威当地时间7月27日下午，王刚义乘坐快艇从北角北端的巴伦支海出发，向北角北边的卡拉卡拉瓦岛进发，开船前他和船长将鲜艳的五星红旗挂在船头。北角有着典型的北寒带气候，气温和水温都极低，同时这里反复无常的恶劣气候也让人胆怯，经常会刮起几米高的怪浪，2005年就有一个探险者在这里遇难。这片海域还时常有海豹出没。但种种不利因素不仅没有让王刚义退缩，反而激发了他更强烈的挑战欲望。

王刚义介绍说，他原本选择在北角下水，但到达北角后得知，三年前有个英国律师曾围着北角游泳，引起了当地不小的轰动，但确切的游泳时长不详。"我一定要选择更北端的地方游。"在挪威船长的帮助下，他选择了比北角更偏北、纬度为北纬71° 11′ 05″的卡拉卡拉瓦岛下水。这个岛屿周边的水域是乱涌怪浪区，礁石林立，从来没有人在这里赤身游泳。当地时间16点55分，王刚义从停泊在卡拉卡拉瓦岛岸边的船上奋身跃入寒冷的北冰洋，向6500米外的北角游去，当时气温8℃，海水温度8℃。

王刚义上岸后回忆说："船快到达下水地点时，岛边岩石上趴着的一只大海豹，抢先跳入海中。船长大叫：'海豹、海豹'，我心里一紧，豁出去了，就是刀山火海也得跳。按照船长的要求，我已经签订了正式的生死合同，此时只能置生死于度外了。"

在大浪中搏斗了50多分钟后，王刚义到达了北角悬崖边的"怪水圈"。这里的海浪撞到悬崖上再返回，形成了力度和深浅都不相同的好几层暗涌，海面上也形成了不规则的三角浪，暗涌和波浪在他身上形成共振，严重消耗了他的体力。"在漩涡中游了两三分钟，我感觉五脏六腑都快被撕裂了。"王刚义说，当时他无法靠划水来放松大腿肌肉，只能不停地踩水以抬高身体，大腿也开始痉挛。他本想再坚持一会儿，但"再游一秒钟我就得死在那里"。为此，他平生第一次主动招手示意，要求上船，此时他已经在冰水中与大浪搏斗了58分35秒。

上船后的王刚义挥了一下手便倒下了，由于一路上风浪太大，此时船上的人全都晕船倒下了，难以像在陆地上那样展开救护。王刚义的妻子王柳当时已经严重晕船，只能拼命地捂着他僵硬冰冷的双脚。同伴在王刚义前胸和后背敷上了两个"热袋"，王刚义逐渐挺过了最危险的时段。停泊了40分钟后，船只开回到北角岸边，此时王刚义已经又一次从死神身边夺回了生命，他跳下船兴奋地呼喊："我成功了！"

在挑战北极之前，王刚义在中国探险界早已大名鼎鼎。从2001年开始，王刚义先后成功地挑战了智利大冰湖、南极冰海、韩国汉江、日本北海道和大西洋泰坦尼克号沉没处、北冰洋巴伦支海等低温水域，创下了令人难以置信的一系列吉尼斯纪录。六年的探险经历，王刚义在人类挑战极限——低温水域方面积累了丰富经验，尤其是最后一次挑战北极，王刚义特地携带了一些人体体征测量仪器，就是为了多保存一些数据。

王刚义总结了四条"刚义定律"，可以概括他六年来探险所取得的成果。

一是人体经过持续的训练，能够建立起很强的抗寒能力。就目前的经验来看，人从高温地带进入寒冷地带后，需要经过至少四次冰水游泳的训练，身体才能建立起有效的抗寒系统。

二是人在冰水中游泳时，意志力的作用格外重要。在海洋冰水中游泳是挑战人体生理极限的运动，要坚持下来，一丝一毫胆怯和不自信的念头都不能有，否则很容易加大体能消耗，迅速耗尽能量而造成生命危险。

三是救护，一般下水多长时间，上岸后就要救护多长时间，否则很难恢复到正常状态。救护时可以通过按摩使游泳者的体温回升，同时喝一些热水，有条件的话可以用吹风机吹游泳者的前后心位置。最关键的是要不停呼唤游泳者的名字，刺激其神经，不能让他睡着，否则很难再醒来，这方面国内过去有过不少教训。

四是挑战结束后，游泳者需要注意自己的精神状态。由于挑战时长时间处于亢奋状态，身体的潜能被极大地激发了出来，体能和精神方面的消耗都很大，所以挑战结束后人容易情绪低落。

王刚义坦言，自己刚从北极回来就患上了抑郁症，出现认知能力下降等症状。因此，挑战者在挑战结束后，需要注意自我心理调节。

王刚义表示，这些成果或者说经验，都是自己多年来在冰水中拼搏得出的，希望能够给国家的海洋事业做出一点贡献，能够因此多救治一个人也是值得的。

六年来，王刚义为了赴各地进行探险事业，花费数百万。尽管也有热心的企业和单位伸出援助之手，包括很多外国政府和军队也减免了他很多费用，比如智利空军就免去了送王刚义到南极的3.6万美元费用，但是接连不断的探险行动仍然耗尽了王刚义的财产。为了去南极进行探险，王刚义卖掉了自己在大连的一处房产，到2006年挑战完北极为止，他已经负债40万。此外，探险时王刚义需要与当地签订"生死合同"，对自己的人身安全负全责。这样的"生死合同"王刚义已经签过三次。

在王刚义的探险生涯中，经历过的危险数不胜数。王刚义表示，其中有五次几乎丧命。2003年初，为了挑战日本北海道小樽市忍路湾海域，王刚义提前在大连附近海域训练。据王刚义回忆，当时的海水温度为零下6℃，海水中已经有了冰凌。在训练中，由于水温太低，体温下降过快，上岸后全身80%左右的皮肤与身体脂肪层剥离，王刚义赶快用凉水浇身体，并钻到旁边的雪堆用雪揉搓身体，又叫来救护车，在医院治疗了四天才逐渐脱离了危险。

是什么样的信念支撑着王刚义，在这么多艰难面前坚持了下来？对于这个问题，王刚义回答道："去进行探险，最根本的原因还是想通过挑战自然极限释放个人生命中的激情。不过从整个挑战经历来看，我的信念也有一个转化和升华的过程。最早进行南极冰泳时，个人英雄主义的成分多一些，想要用自己的身躯挑战自然极限，证明自身的潜力。后来到泰坦尼克号沉船地冰泳，是我信念上的一次转折，从那次起我开始关注人道主义、和平友爱这样的主题，包括悼念那次海难中的1500多名遇难者。挑战北极是我在信念上的一次升华，一方面我在进行多项极限条件下人体生理反应的研究，另一方面也借这个机会呼吁人们关注北京奥运会和世界和平。"

王刚义诚恳地说："我个人的力量有限，但不管能有多大的影响，至少我在尽力去做。无论实现这件事有多困难，只要每人都能贡献一份力量，那么它总是在进步着，实现就会越来越有希望。"

## ■ 心灵物语

荣誉和成就的背后，一定要经过长期的探索与奋斗，怀揣一颗勇者无畏的心，更关键的是以惊人的毅力去点燃希望之火。王刚义如此，我们也应该如此。

## ■ 史海钩沉

### 王刚义创建"儿童村"

王刚义创建了大连阳光溢鸿儿童村。这是一家救助服刑人员未成年特困子女的民间慈善机构。在父母服刑期间，很多孩子的家庭已经支离破碎了，他们的生活起居没有着落，家庭教育也不一定是正确和积极的。救助前，这些孩子大多流浪街头以乞讨为生，做一些不符合他们年龄的事情。王刚义创办的阳光溢鸿儿童村，五年来先后救助过25名服刑人员的未成年子女，为社会减轻了负担，为慈善事业作出了贡献。

## ■ 文苑荟萃

### 北　极

北极是指地球自转轴的北端，也就是北纬90°的那一点。北极地区是指北极附近北纬66° 34′北极圈以内的地区。北冰洋是一片浩瀚的冰封海洋，周围是众多的岛屿以及北美洲和亚洲北部的沿海地区。冰冷的海水携带着冰山从北冰洋流入大西洋和太平洋。北极地区终年寒冷。冬季，太阳始终在地平线以下，大海完全封冻结冰。夏季，气温上升到冰点以上，北冰洋的边缘地带融化，太阳连续几个星期都挂在天空。

# 李锁把穷村变富村

李锁（1964—　），原驻津某部高炮营战士，退役后到天津蓟县（现改为蓟州区）穿芳峪乡毛家峪村，成为村党支部书记、村主任。他以出色的工作业绩多次被天津市、天津警备区表彰为天津市文明市民、市级劳动模范、先进民兵干部、拥军优属模范、优秀农村干部。

李锁曾经是一个军人。退伍后，他以在军营中锤炼出来的坚忍不拔的毅力、勇敢不屈的品质和对大山无言的敬畏、深深的依恋，把一个地处穷乡僻壤的小山村打造成了如今赫赫有名的旅游专业村，带领全村人过上了富裕的小康生活。

天津市蓟县穿芳峪乡毛家峪村四面环山，沟壑纵横，只有一条羊肠小道通向山外，全村几十户人家靠"春种几垄地、秋摘几筐果"来维持生计。1982年高中毕业后，李锁登上了驶出大山的军列。服役期满，他一腔豪情地回到了家乡，家乡却面貌依旧。

大山"锁"住了他对故乡的深情，却"锁"不住他振翅腾飞的梦想。李锁毅然放弃了乡里运输公司的铁饭碗，回村自主创业。他东拼西凑借了10万元钱，在村里建起第一家企业——瓶盖厂。1996年底，企业发展成为拥有500多名员工、年净收益20万元以上的民营企业。

2000年11月，经过选举，李锁担起了村党支部书记的重任。一上任，他就决定给村里修一条通往山外的柏油路。没有钱怎么办？他带头捐了5万元。妻子一开始不同意，因为这5万元是他们的血汗钱。当初办企业为了节省经费，李锁自己修理出现故障的冲床，结果左手无名指被轧断。这钱怎么说捐就捐？但李锁不顾妻子的反对，成立了民兵突击队，经过40多个日夜的顶风冒雨、开山辟坡，一条通往外边世界的柏油路终于建成。而他经营的瓶盖厂、波尔山羊养殖场，在此期间因为无人管理损失了30多万元！

面对山村的落后面貌，李锁又一次陷入了沉思。土里刨食很难刨出个"金娃娃"，要想共同富裕，就必须另辟蹊径。经过考察，李锁发现，毛家峪虽然偏僻，但风光宜人，有万亩森林，是一处天然氧吧；有亿年岩石，是少有的自然奇观。倘若利用这些资源开发休闲度假村，何愁村子不富？

然而，这样的新思路对于世代面朝黄土背朝天的山里人而言，无异于天方夜谭。说一千，道一万，不如做给群众看。李锁果敢地放弃了自己苦心经营多年的瓶盖厂和投资50万元刚建起的波尔山羊养殖场，把所有家当作为抵押，从银行贷款200多万元投入景区建设。

2002年春，他率先推倒自家老房，投资50多万元，盖起了一栋二层别墅，并进行了高档装修，办起了村里第一家农家旅店……很快就迎来了第一批客人。村民们信服了，也动心了，大家纷纷效仿，全村46户家家开办起了家庭旅店，全年接待游客近10万人次，综合收入350多万元。

如今的毛家峪风景优美，人际和谐，村里人笑迎八方客，村外人喜品农家乐。不少从这里走出去的大学生也陆续回乡创业。李锁还在村里建起了洗涤站，把农家旅店客人用过的床单、被子集中清洗消毒，并进行污水处理。这样既节约用水，也可以避免洗衣粉中的有害物质渗入地下，污染水质，贻害子孙。

## ☐心灵物语

　　李锁用自己的远见、毅力、辛劳和汗水，让一个昔日"粮靠天赐、果靠天赠"的穷山沟变成了和谐富裕的小康村。我们也应该这样，用自己刚毅的决心，向自己的理想和目标奋斗！

## ☐文苑荟萃

### 旅游度假村

　　旅游度假村是指用作休闲娱乐的建筑群。通常远离闹市区，依山傍水，为了让客人们于假日享受假期，度假村内通常设有多项设施以满足客人休闲的需要，如餐饮、住宿、体育活动、娱乐以及购物等。